Eine kleine Geschichte von Marzahn

von Katharina Johanson

Für Eberhard

Eine kleine Geschichte von Marzahn
© 2024 by Katharina Johanson

Herstellung im Eigenverlag
Katharina Johanson
Arnold-Zweig-Straße 43 A
13189 Berlin

Projektbetreuung: Ka & Jott, Bernau bei Berlin

Kontakt zur Autorin: katharina.johanson@gmx.de

Einleitung und Methode

Marzahn ist ein kleiner Landflecken auf dem südlichen Barnim, schon fast im Flusstal der Spree und am Rande der Großstadt Berlin gelegen. So viel zur Orientierung, und die paar Worte dürften zur Einleitung eigentlich schon genügen, denn Marzahn kennt fast jeder. Die Gegend ist vor rund fünfzig Jahren als sozialistische Großsiedlung in die Schlagzeilen geraten, wurde hernach auch viel beschrieben, geliebt und gehasst, gerühmt und verdammt, sodass ein Bild von dem, was Marzahn ist, schon fast jeder haben müsste. Demzufolge möchten Sie, meine lieben Leser meinen, dass Sie dieses Büchlein gleich wieder zuschlagen und weglegen könnten. Geschichte könnten Sie halt auch woanders nachlesen. Über Marzahn wüssten Sie schon genug. Die Lektüre wäre der Mühe nicht wert. Aber nein, so ist es nicht. Bleiben Sie dran. Unsere Geschichte ist Ihnen neu. Sie geht nämlich anders. Sie definiert sich nicht über die Menge, es sind wirklich nur ein paar Seiten, sie zeigt auch keine chronologische Auflistung von Ereignissen und auch nicht viele Zahlen oder die Anhäufung von Beispielen. Unsere Geschichte ist Sozialgeschichte oder, wenn man so will, Kulturgeschichte. Sie zeigt, wie die Menschen lebten, welche Motive und Ziele sie hatten, was sie erhofften und träumten, und weshalb sie so wurden, wie sie sind. Damit geht unsere Geschichte in die Tiefe. Sie geht sozusagen unter die Haut. Sie bewegt das Gemüt und lässt einen nicht mehr los. Obgleich wir nicht in privaten, intimen Angelegenheiten schnüffeln, etwa schlüpfrige Details offenlegen.

Wir sind doch keine Voyeure! Nein. Wir sind auch keine Sadisten oder Masochisten, solche krankhaften Neigungen haben wir nicht. Wir wahren Abstand, Anstand und Respekt. Wir berichten also mit Bedacht, Hintergrundwissen und forschen mit gesunder Neugierde. Dadurch begreifen wir die Zusammenhänge und ziehen unsere Schlussfolgerungen. Sie, liebe Leser, werden bereichert, gut unterhalten und im wahrsten Wortsinn reich beschenkt dieses Büchlein am Ende zuschlagen. – Soweit die Vorrede und nun fangen an.

Die hiesige Geschichte begann vor etwa 17'000 Jahren mit dem Abschmelzen der aus dem Norden hereingekommenen Gletscher. Zwar war das nicht der Anfang aller Dinge, aber da sich im Hinblick auf menschliche Besiedlung beziehungsweise Zivilisation bis dahin in unserer Gegend noch nicht viel getan hatte, beginnt jegliche Erzählung hierzulande mit der jüngsten Eiszeit. Andernorts tummelten sich schon längst Menschen in sehr großen Siedlungen, so zum Beispiel in Afrika und in Zentralasien, aber in Mitteleuropa herrschte dazumal noch absolute Ebbe, gähnende Leere, tiefste zivilisatorische Finsternis, wodurch dann eben die Geschichte in Marzahn erst relativ spät begann.

Kurze Bemerkung zu den Fakten und Zahlen: Die Historiografie hält für uns eine große Fülle unterschiedlichster Angabe bereit. In der jüngeren Berichterstattung ist die Variation besonders breit. In dem Wust fällt es oft schwer, den rechten Faden zu finden. Da lassen wir uns aber nicht beirren. Wir feilschen nicht um Kleinigkeiten. Wir wissen, dass Geschichte immer einen politischen

Zweck verfolgt, wie jegliche Wissenschaft Klasseninteressen untergeordnet ist. Wir entkleiden die Angaben ihrer Verschleierung, ihres schmückenden oder verzerrenden Beiwerks und zeigen Tendenzen, die größtmögliche Wahrscheinlichkeit, das Wesentliche von Entwicklungen. Wobei wir selbstverständlich parteiisch vorgehen, im Interesse der arbeitenden Klasse Stellung beziehen und um Klarheit bemüht sind. – Weiter im Text.

Die abschmelzenden Gletscher gaben ein leicht hügeliges, mit zahlreichen Seen aufgelockertes und von Fließen durchzogenes, äußerst fruchtbares Land frei. Gräser, Strauchwerk, Bäume wuchsen auf, viel Getier tummelte sich in, auf und an den Gewässern. Ein paradiesisches Land! Da war es dann auch nicht mehr verwunderlich, wie fünf- oder sechstausend Jahre später die ersten Siedler aus dem Osten hier eintrafen. Selbstverständlich sprach damals noch kein Mensch von Marzahn. Der Begriff Marzahn soll sich von Sumpfgebiet ableiten, sagen Gelehrte. Allerdings weiß man nichts Genaues, jeder hat da seine eigene Theorie. Wir halten uns aus dieser Diskussion heraus und an unschlagbare Fakten. Und Fakt ist, dass die hiesigen Ureinwohner aus dem Osten kamen. Ganz logisch, denn die Weltmeere waren noch nicht schiffbar gemacht, das Flugwesen existierte noch nicht und der Hochgebirgsgürtel im Süden Europas stellte für Fußgänger eine unüberwindliche Barriere dar. Aber zum Osten hin gab es eine gangbare Landverbindung und so lieferten jene Völker, die chauvinistische Deutsche heute so vehement bekämpfen, verleugnen, beschimpfen, nicht anerkennen, auf Teufel komm raus vernichten wollen, den Grundstock der hiesigen Kultur. Die Leute kamen und siedelten, sie rodeten einen Teil des üppig wuchernden Waldes, bauten ihre Dörfer auf – an Städte dachten sie noch nicht – und ernährten sich von Fischfang, Jagen, Tierzucht und Ackerbau.

Was hatte die Menschen aus ihrem ehemals angestammten Gebiet hergetrieben? Weshalb wanderten sie einen so weiten, sich über Generationen hinziehenden Weg? Auch in dieser Hinsicht gibt es viele Theorien, angefangen vom Platzmangel über Nachbarschaftsstreit und Kriege bis hin zu Naturkatastrophen, die wir jedoch alle verwerfen können. Denn Kriege, Hass, Streit, Neid waren bis vor zehntausend Jahren unüblich. Jegliche Querelen wurden rasch beigelegt – Platzmangel ist eine Erfindung von Faschisten – und die Einbrüche der Natur haben die Menschen bei aller persönlichen Tragik mit Langmut aufgenommen. Das alles kann sie also nicht zum Aufbruch bewogen haben. Vielmehr sind diese ersten Völkerwanderungen, die man halt nicht mit heutigen Maßstäben messen kann, einzig und allein mit der natürlichen Neugierde zu erklären. Der Mensch ist und bleibt ein strebsames Wesen. Es liegt in seiner Natur, immer über den Tellerrand hinausschauen zu wollen, sich weiterzuentwickeln, was erworben ist, auszubauen, sich umzutun und dazuzulernen. Ja, der Mensch mag keine Langeweile und Bequemlichkeit. Hat er ein Ziel erreicht, strebt er schon nach dem nächsthöheren. So ist er, so war er und so wird er immer sein. Nur leider ist diese Wesensart heutzutage, hierzulande, in unserer mit lauter Tand und Blödsinn übersättigten Gesellschaft bei den meisten verkümmert. Demzufolge vermutet die Mehrzahl unserer Zeitgenossen bei anderen eine ähnliche Verdorbenheit. Aber dieser

Analogieschluss wäre falsch, wie jegliche Analogieschlüsse in der Geschichtsbetrachtung falsch wären, und wir vermeiden sollten. Vielmehr setzen wir zur Einschätzung der einzelnen Ereignisse immer die gesellschaftlichen Verhältnisse voraus und stellen mit dieser Methode fest, dass es sich bei der ersten Besiedlung Marzahns und der näheren Umgebung um ein munteres, quicklebendiges, aufgeschlossenes Völkchen handelte. Ein Volk, das sein Tagwerk in friedlichem Miteinander verrichtete. - Darüber vergingen Jahr und Tag, Jahrzehnte, Jahrhunderte.

Inzwischen hatte sich am äußeren Rand Südeuropas eine Klassengesellschaft entwickelt, die prompt auf Expansion aus war.

Die Entstehung der Klassengesellschaft ist dem Mehrprodukt, das sich durch die immer bessere Beherrschung und Ausnutzung der Natur anhäufte, geschuldet. Mit dem Mehrprodukt konnten sich die Gemeinschaften eine nicht mehr unmittelbar an der Produktion beteiligte, intelligente Oberschicht leisten. Eine Oberschicht, die sich alsbald – nach vielleicht zwanzig oder dreißig Tausend Jahren – das alleinige Recht über die Verteilung anmaßte und dieses Recht dann gewaltsam durchsetzte. Infolgedessen gab es auf der einen Seite gewaltbereite, unterbeschäftigte Müßiggänger und auf der anderen Seite eine gebeugte, fleißig schaffende Masse. Wie es dazu kam, dass sich die Masse letztendlich nicht oder zu wenig gegen diese Zustände wehrte, ist kaum erklärbar. – Man könnte die damalige Menschheit in ihrer Unreife mit kleinen Kindern, die sich um ein Bonbon oder um ein Spielzeug streiten, vergleichen, wo halt der Verschlagene und

11

körperlich Stärkere naturgemäß gewinnt. Der Vergleich ist banal und hinkt wie alle Vergleiche, trifft es aber wohl am ehesten. Denn gerechte Gesellschaften fußen immer auf Bildung, Aufklärung und geistiger Reife, wie sie Erwachsene haben beziehungsweise haben sollten, während die Klassengesellschaft vor antagonistischen Widersprüchen nur so strotzt.

Diese geistig-sittliche Unreife illustriert die Gegenwart am besten: Will man etwa als intellektuelle Großtat bezeichnen, wenn auf der einen Seite immer mehr, präzisere, effektiver tötende Waffen entwickelt werden, während in den Parlamenten tönende Reden von Umweltschutz gehalten werden? Wie viele Schadstoffe schleudert eigentlich so ein atomarer Flächenbrand in die Atmosphäre? Oder will uns etwa einer weismachen, dass die Abschlachtung von Frauen und Kindern in Palästina den Frieden befördere? Das kann doch nur die Frucht von geistig minderbemittelten Schaumschlägern sein, um das mal banal auszudrücken. Rational und nüchtern betrachtet, würde jeder Vernunft begabte Mensch die Kriegstreiber und Waffenfabrikanten als asoziale Verbrecher oder als unheilbar Kranke lebenslänglich wegsperren. Und ist der aktuelle Streit um die unbewohnten Inseln im Südpazifik nicht Kinderkram? Was will denn einer damit, wo so viel Platz auf Erden ist? Aber nein! Millionen, Milliarden werden verschleudert, um die eigene Position zu halten. Wie die Kindsköpfe balgen sie sich um die Pfründe und sind im Grunde nur noch lächerlich, wenn sie nicht so gefährlich wären. – So viel dazu. Wir werden am weiteren Verlauf der Geschichte sehen, dass allen Ausbeutern ein sowohl recht eigenwilliger, verschlagener Trieb als auch der Mangel an

Weitsicht eigen war, wodurch all die Besitzlosen in äußerst schwierige, bedrohliche Situationen gerieten und die Fessel ihrer Unterdrückung immer wieder sprengten oder zumindest versuchten, sie zu sprengen.

Die Klassengesellschaft breitete sich rasant aus. Die Römer kamen! Sie überwanden die Alpen, zogen längs des Rheins bis hinauf nach der Nordseeküste, schwammen über den Kanal, besetzten die nördlichen Inseln und strebten dann nach dem Landesinneren Europas, gen Osten hin. Im Jahr 1100 ungefähr hatten sie endlich auch unseren Raum zwischen Elbe und Oder erreicht. Zwar nannten sie sich zu der Zeit nicht mehr Römer, sondern Askanier und Ottonen, aber der Name änderte am Inhalt nichts. Deshalb bleiben wir bei dem Begriff Römer. Die setzten nun ihren Fuß auf unser Gebiet. Sie kamen als Missionare und gaben vor, der Menschen Heil und Segen mit dem Christengott zu befördern.

Auf dem Barnim, in Marzahn und in den Dörfern ringsherum, lebten nun aber seit Menschengedenken die Slawen beziehungsweise die Wenden, wie man sie dazumal nannte. Die wollten keine Christen sein und verspürten wenig Neigung, sich seiner Heiligkeit in Rom zu unterwerfen. Zwar hatten sich auch unsere Ureinwohner derweil in eine Klassengesellschaft aufgespalten, standen ergo gesellschaftlich mit den Römern ungefähr auf einer Stufe, aber ihre Lebensformen schlappten dem neuen Verteilungsprinzip noch hinterher. Sie lebten in großen, gemeinschaftlich wirtschaftenden Familienverbänden mit zahlreichen Verwandten und Nichtverwandten unter einem Dach. Sie kannten noch die Gleichberechtigung beziehungsweise das Mitspracherecht der Frauen und praktizierten die Polygamie. Die Christen hingegen hatten bereits das vollständige Patriarchat wie die Monogamie eingeführt und der Papst war juristisch, praktisch wie theoretisch ihr obersten Gebieter und Alleinherrscher. Diese ideologische Ausrichtung auf nur einen Gott und die familiäre Eingleisigkeit ging den Slawen mächtig gegen den Strich. Sie wehrten sich energisch, sie zogen zu Felde und schlugen die Eroberer aufs Haupt.

Die Römer blieben indessen sieghaft. Ihr strategischer Vorteil bestand in ihrer einheitlichen Führung. Obendrein glaubten sie alle an ein und denselben Gott, gehorchten dem Papst und ihnen waren blühende Landschaften versprochen worden. In jedem Krieger steckte nämlich zugleich auch ein Bauer und dieser Bauer wollte gern einen eigenen Hof haben. Also zog er aus, um Beute in Form von Land zu machen. Was nebenher an Schätzen an seine Obrigkeit abfloss, interessierte den einzelnen Kämpfer eigentlich nicht, nur der Hof interessierte ihn. Denn dieser Bauer war ein wirtschaftlich denkender Mensch und wusste, dass aller Reichtum aus dem Boden kommt. Für Landgewinn trat er an und ein. An diese Idee klammerte er sich. Er handelte also im eigenen Auftrag und ferner im Namen Gottes, den der Papst verkörperte. Die Slawen ihrerseits verteidigten ihre Heimat, ihr angestammtes Recht, ihre Zukunft. Aber sie waren uneinig. Jeder Stamm hatte seinen eigenen Häuptling, sein eigene Verteidigungstruppe, seinen eigenen Schutzpatron und seine eigene Taktik. Ein jeder schlug getrennt von dem anderen los, handelte also mehr aus dem Bauch heraus, besprach sich nicht mit seinem Nachbarn oder höchstens

14

mal in Einzelfällen. Sie stellten also keine Einheitsfront her, selbst in der größten Not nicht. Zwar erreichten sie mal hier einen Vorteil, gewannen dort eine Schlacht, machten viele Römer nieder, weil sie das Terrain kannten und ziemlich geschickt waren, was die Römer viel Blut kostete und sie immer verbissener und brutaler kämpfen ließ. Aber insgesamt hatten die Slawen das Nachsehen, weil sie gegen die geballte Kampfkraft der Römer viel zu wenig ausrichten konnten. Die standen halt wie ein Mann, und wenn einer fiel, rückte schon der nächste nach. Ihr Pool schien unerschöpflich. Der Kampf währte lange, über Jahrzehnte. Die Kultstätten der Slawen wurden samt und sonders eingeäschert, ihre Priester ermordet, das Fußvolk fürchterlich misshandelt. Es war schaurig. Viele, viele Slawen gingen zugrunde, etliche verbargen sich in den Wäldern und fristeten ein elend Leben, wieder welche flüchteten über die Oder-Neiße-Linie gen Osten. Der Rest beugte sich und ließ sich christlich taufen. Der letzte Slawenfürst, Yacza, hier aus unserer Gegend, soll erst Ende des 12. Jahrhunderts gefallen sein. Die Eroberer setzten sich fest und nahmen sich ihren Lohn für die hinter ihnen liegende Schinderei.

Sie legten die Waffen nieder, siedelten in und um Mahlsdorf, Kaulsdorf, Hellersdorf, Hohenschönhausen, Marzahn, Falkenberg, Weißensee, Heinersdorf, Wartenberg, Malchow, Buchholz, Niederschönhausen, Pankow, Blankenburg, Rosenthal und Blankenfelde. Die Gründung all unserer Dörfer datiert um 1230 herum.

Die Dörfer waren im Wesentlichen alle gleich, mit zehn, zwölf Wohnhäusern, angrenzenden Tiergehegen und Speichern

vollständig ausgestattet, und entsprechend eines Gesamt-
planes angelegt und gut befestigt. Sie stellten Wehrdör-
fer, Bollwerke beziehungsweise Brückenköpfe dar. Denn
auch dazumal war nach dem Krieg zugleich auch immer
vor dem Krieg. Der Papst und sein Klüngel gaben sich
nämlich nie mit dem Erreichten zufrieden. Die nächste Ostererweiterung war schon ins Auge gefasst. Nur das
sagten sie den Leuten nicht. Sie ließen die Leute erst mal
arbeiten und in ihrer neuen Situation ankommen. In einigen Dörfern gruppierten sich die Häuser um ein Ron-
dell: Angerdorf, und in den anderen standen die Gehöfte
in einer geraden Flucht: Straßendorf. Die Siedlungen
lagen nicht weit voneinander entfernt, sodass ein Nach-
richtenaustausch beständig gut funktionieren und eine
militärisch breite Front hätte rasch hergestellt werden
können.

Jede Dorfgemeinschaft baute sich ihr Kirchlein. Meistens bauten sie über der alten slawischen Kultstätte, weil
die Stelle bezüglich ihrer Lage auf dem bereits von den
Vorgängern befestigten Baugrund bestens dazu geeignet
war. Außerdem glaubten die Leute, mit der Umwidmung
des Platzes die Rückkehr der alten Geister zu verhindern.
Ganz frei von Geister- und Vielgötterglaube waren die
Christen nämlich auch nicht. Wobei sie namentlich nur
einen Gott kannten und für die vielen anderen Aufgaben,
die ein einzelner Gott unmöglich allein schaffen konnte,
dann eben Heilige auftreten ließen: einen für Mildtätig-
keit, einen für Gesundheit, einen für Wohlleben und so
weiter. Den Nachrichtendienst zwischen Himmel und
Erde übertrugen die Christen auf die niedlichen, kleinen
Engelchen, die rasch hin und her sausen konnten, weniger

Respekt und Demut als der liebe Gott und jede Heiligkeit verlangten und bei den ganz profanen Alltagsdingen praktisch immer zugegen waren. Ab und an mischte sich in dieses niedere, dienstbare Völkchen noch ein Gnom oder eine Elfe, welche den Christen ebenfalls völlig selbstlos zur Seite standen. So schufen sie sich ihre Götterwelt nach eigenem Dafürhalten und passend zu ihrem Lebensstil, arbeitsteilig und allzeit abrufbar.

Die römischen Bauern waren nun ganz froh ob der Ruhe ringsherum und verrichteten fortan fleißig, geduldig, gottgefällig ihr Tagwerk. Wie sie nun aber klaren Blicks und rechtschaffen ihre Gegend betrachteten, fühlten sie ihre Einsamkeit und Verlassenheit in dieser fremden Gegend und unter gänzlich anderen klimatischen Bedingungen, als sie sie von daheim im sonnigen Süden gewöhnt waren. Es fehlte ihnen an Erfahrung für die Bodenkultur und sie hatten auf ihrem weiten Weg und bei dem Kampf keine oder kaum mal eine Partnerin aufgegabelt und mitgebracht. Da entdeckten sie die slawischen Frauen, die aus den Wäldern hervorkamen. Diese Frauen waren während der Schlachten mit ihren Kindern und dem beweglichen Hausstand geflohen und tauchten nun wieder auf. Unsere Römer nahmen sich ihrer beglückt an. Die Frauen fühlten ähnlich, denn ihre Männer waren in den Kämpfen gefallen. Ergo kam es ganz natürlich zur Vereinigung, denn niemand lebt gern allein. Die slawische Frau war eine Kennerin der Natur und konnte dem römischen Bauern so manches vermitteln, was er hierzulande zum Überleben brauchte. So teilten und vermehrten sie die Zivilisation, die Kultur und die Herzenswärme, die auf dem Schlachtfeld verloren gegangen waren. Neue Familien gründeten sich. Sie vermischten römisches und slawisches Brauchtum, ihre Sprachen und all das, was Menschen so an sich haben und mit sich bringen. Die Bauern führten ein friedliches und friedfertiges Leben. Sie bauten ihre Dörfer aus und schafften sich wunderschöne Anwesen, die freilich, verglichen mit heute, recht bescheiden waren, aber alles zum Leben Notwendige hatten. Das Bauernhaus bestand dazumal aus einem einzigen Raum für Schlafen, Essen, Aufenthalt und im Winter wurde das Vieh mit hineingenommen. Diese Bauform und Nutzung ist über Jahrhunderte erhalten geblieben. Mit der kleinen Einzelwirtschaft, also mit der Idee vom kleinen Familienverband aus Eltern, Großeltern und Kindern haben sich die Römer durchgesetzt. Das alte slawische Dorf, wo eine große Gruppe blutsverwandter und nichtverwandter Personen unter einem Dach lebte, ist bei der Eroberung unwiederbringlich verloren gegangen. Patriarchat und Monogamie zogen mit dem Christengott ein, was weder Mann noch Weib hinderte, ab und an mal in Nachbars Garten von den besten Früchten zu naschen. Nebenher hielten die Dörfer untereinander feste Verbindung, die Menschen tauschten Waren und Meinungen aus, kauften bei durchreisenden Händlern, verkauften ihre Produkte in den inzwischen erbauten Städten wie Blumberg, Altandsberg und Werneuchen. Das Verwaltungszentrum unserer hiesigen Gegend befand sich in Köpenick und hatte sich mit seinen Mönchen auf der alten slawischen Burg am Zusammenfluss von Dame und Spree festgesetzt. Unsere Bauern lieferten dorthin ihre gesetzlich festgelegten Abgaben: den Zehnt. Sie lieferten pünktlich, regelmäßig, gottergeben und gottgefällig, was ihnen leicht gemacht war, denn der Zehnt drückte nicht allzu schwer.

Dieser Zehnt, also ein Zehntel aller Produkte und Leistungen, versetzt uns heute in Staunen, wenn wir die aktuelle Abgabenhöhe zum Vergleich heranziehen. Was löhnen wir nicht alles an Kopf-, Verbraucher-, Haupt- und Nebenabgaben! Abgaben, die mit haarsträubenden Begründungen eingeführt, niemals nachgelassen werden und dennoch nie auszureichen scheinen, das Staatswesen halbwegs gesund aufrechtzuerhalten. Seinerzeit, im Mittelalter hingegen genügten der Obrigkeit zehn Prozent, um ihre Leistungsaufgaben zu erfüllen und zugleich einen gehobenen Lebensstandart zu führen. Wenn man den unglaublichen Wohlstand, den die dazumal hatten, und den Reichtum, den die anhäuften, und den Glanz, den die ausstrahlten, betrachtet, ist man förmlich überrollt. Da fragt man sich: Wie machten die das eigentlich? Hier der Zehnt und dort dann solche Paläste? Donnerwetter! Wie konnten die derart wirtschaften?

Ganz einfach. Ihr Anspruch war nicht sonderlich hoch, wir können es auch als Genügsamkeit bezeichnen, zum einen. Andererseits lebten sie in einer fast vollständigen Harmonie mit sich und ihrer Umwelt. Sie wucherten nicht, sondern sie teilten sich vernünftig ein, sowohl die Herren als auch die Untertanen. Denn sie beobachteten ihr Umfeld gewissenhaft und setzten ihre Erfahrungen in die Praxis um. Ihre Gemeinden waren relativ klein, ihre Kräfte relativ gering. Was sie der Natur zu entnehmen vermochten, wuchs gleichermaßen augenblicklich nach. Aber auch die Vernunft, der Gemeinschaftssinn, der Wille

zum Leben war ihnen noch nicht gänzlich abhanden gekommen, sodass sie sowohl sich selbst als auch die natürlichen Ressourcen schonten, weil sie nicht vor der Zeit
untergehen wollten.

Sehen wir uns zum Beispiel mal das mittelalterliche
Dorf an: Es verfügte nur über einen einzigen Backofen,
den alle gemeinsam nutzten. Zwar gab es in jedem Haus
eine Feuerstelle, um die Stube zu heizen und das Mittags-
mahl zu wärmen, aber das Brot backten sie im Gemein-
schaftsofen auf dem Dorfanger. Nicht etwa, weil sie nicht
in der Lage gewesen wären, in jedes Haus einen Backofen
zu stellen, das nicht, aber weil der Aufwand für Holzbe-
schaffung, Anheizen, das Feuer bei gleichbleibend ziemlich hoher Temperatur über Stunden halten und hüten,
für einen Einzelhaushalt einfach viel zu hoch gewesen
wäre. Also bauten sie etwas größer, schoben gleich mehrere Brote hinein, versammelten sich um das Feuer, plau-
derten, ließen es sich gut gehen, legten ab und an ein paar
Scheite nach und warteten, bis sich die braune Kruste
hob, der Duft den Verzehr ankündigte und alles fertig war.
Dann nahm sich jeder seinen Anteil, ging heim und setzte
sich zu Tisch. So verbanden sie das Angenehme mit dem
Nützlichen: Brotbacken, Holz sparen, den Wald schonen,
sich Ausruhen und Essen – alles in einem.

Desgleichen verhielt es sich mit dem Badehaus. Übrigens, diese ausgeprägte Badekultur hatten die Römer in
unsere Gegend mitgebracht. Zum Zwecke der wöchent-
lich einmal fälligen Ganzkörperreinigung schafften unsere
Bauern Holz ins gemeinsame Badehaus, heizten den Kes-
sel an, füllten die Wasserkübel auf, fingen ihre Kinder ein
und los ging's: erst die Frauen mit den Kindern und dann

die Männer oder in umgekehrter Reihenfolge, aber immer alle zusammen. Abgesehen von dem geselligen Nebeneffekt, war wieder Holz gespart, Arbeit gespart, Zeit gespart – eine perfekt funktionierende Gemeinschaft. Wenn alle so denken und weil alle so dachten und handelten, vollbrachte das Mittelalter derart bewunderungswürdige Leistungen auf den Gebieten der Kunst, des Handwerks und der Architektur und hielt sehr lange, immerhin runde 800 Jahre.

Und auch die Obrigkeit ward angehalten, immer schön langsam und vorausschauend zu wirtschaften. Kirchenbauten, diese riesigen Tempel und Paläste, die brauchten dann schon mal ein oder zwei oder drei Generationen, um fertig zu werden. Technisch und organisatorisch wären die Bauten innerhalb von zehn, zwanzig Jahren durchaus realisierbar gewesen, wie die blitzschnelle Errichtung der mittelalterlichen Stadt beweist. Diese Stadt ist nämlich wie das Dorf als Bastion nach militärischen Gesichtspunkten innerhalb kürzester Frist hochgezogen und fertiggestellt worden. Den Eroberern folgten die Baumeister, zumeist Kämpfer und Handwerker in einer Person, breiteten die Pläne aus, legten los und flugs war so eine Festung errichtet. Eine unglaubliche Leistung und von hoher strategischer Bedeutung. Später folgten die bombastischen Kirchenbauten und Paläste, für die man sich Zeit lassen konnte und Zeit ließ, weil man sich wirtschaftlich nicht übernehmen wollte. Auf der einen Seite also zielgerichtete Eroberung und auf der anderen Seite Bedachtsamkeit und Vorsicht. Dann malten sie sämtliche Gebäude mit ihren Idealen aus: Zufriedene, glückliche Menschen, in einem farbigen, naturnahen, freundlichen Umfeld.

Selbstverständlich vermitteln uns die neoliberalen Klugschwätzer heutzutage ein ganz anderes Geschichtsbild über die Entstehung der mittelalterlichen Dörfer und Städte und vom gesellschaftlichen Zusammenleben dieser Gemeinden. Die Leute von damals werden uns als ziemlich roh und verdreckt, verblödet und völlig planlos agierend vorgeführt. Nur ist diese Lesart halt dem bürgerlichen Klasseninteresse angepasst und soll das derzeitige Versagen in der Umweltpolitik vertuschen, die Fakten verschmieren und alternative Gesellschaftsmodelle nicht zulassen. Wir hingegen wissen, dass erst die kapitalistische Produktionsweise den Raubbau für sich entdeckte: Verschleudern von Ressourcen, Produktion auf Teufel komm raus, ohne Rücksicht auf Verluste, Aussaugen der Arbeitskraft durch Unternehmer, die keine Grenzen mehr kennen, und stetig steigende Steuern für den Staatshaushalt, der niemals zufriedenzustellen war und ist. Selbstverständlich gab es während der mittelalterlichen Ordnung immer mal auch einige Ausreißer, welche, die es besser zu wissen glaubten, welche, die den Hals nicht vollkriegen konnten. Kriege wurden reichlich geführt. Aber der Religionskrieg, die Besatzungsmacht, die Christianisierung war letzten Endes nicht auf Vernichtung aus. Es ging immer nur darum, den Staatshaushalt durch Zugewinn von Land und Leuten zu stabilisieren. Wer sich bekannte, wer sich bekehren ließ, ward willkommen.

Die katholische Kirche praktizierte die Absolution nicht nur zu ihrer Selbstbestätigung, zum Spaß oder nur um Geld einzutreiben, sondern in erster Linie um zu verzeihen und zu integrieren. Selbst der große Reformator Martin Luther wurde vor den Heiligen Stuhl gerufen, weil der Papst den ausgewiesenen Ketzer anhören, ihn bekehren und ihm vergeben wollte. Dass nichts daraus wurde, lag nicht so sehr an den Doktrin der alten katholischen Kirche, als viel mehr an den Verlockungen der neureichen Fürsten, die Luther eine glänzende Karriere versprachen. Und Luther stellte sich quer. Der Papst ließ ihn trotzdem gehen. Hernach rief Luther zum Massenmord an den aufständischen Bauern auf! Bei allen Verdiensten, die der Mann als Philologe aufzuweisen hat, ist ihm der Mord an den aufständischen Bauern wohl kaum zu verzeihen. Mit Luthers Lehre begründeten viele Fürsten dann ihren Abfall von Rom, wodurch sie erhebliche Mittel in ihre eigenen Taschen fließen lassen konnten. Fortan galt das Wolfsgesetz bis in den letzten Winkel des Landes: brutale Ausbeutung gepaart mit Profitgier. Aber das war dann alles erst viel später, lag nicht in der Gründungszeit unserer christlich geprägten Dörfer auf dem Barnim. – Zurück ins 14. Jahrhundert: Die ostelbischen Dörfer, mithin unser Marzahn auf dem Barnim, waren inzwischen aus dem Blickfeld des Papstes geraten, die Dorfbewohner schafften in friedlicher Eintracht. Die weit im Westen, also fast am Atlantik residierende Obrigkeit hatte derweil neue Sorgen.

Fürstenränke

Die Pest wütete in Westeuropa. Von den Hafenstädten des Mittelmeerraums ausgehend, sich an der Atlantikküste entlangziehend, sich langsam aber sicher im Landesinneren ausbreitend, rottete die Krankheit ab etwas dem Jahre 1340 die Hälfte der Bevölkerung aus. Wenn man der bürgerlichen Historiografie glauben möchte, war der schwarze Tod mit infizierten Ratten über die südosteuropäische Handelsrute hereingekommen und man stand hilflos vor einem unbekannten Gegner. Diese Erzählung scheint zunächst schlüssig, ist bereits unzählige Male vorgetragen worden und deshalb bei fast allen verfestigt. Aber so war es freilich nicht. Zum einen konnte die Handelsroute, die seit Jahrhunderten bestand und seit ehedem mehr Gutes als Schlechtes mit sich brachte, nicht der alleinige Verursacher der Pest sein. Zum anderen muss so ein Keim auch seine idealen Vermehrungsbedingungen finden. Und die fand er im Massenelend des ausgehenden Mittelalters. Denn die Anfänge der kapitalistischen Produktionsweise waren gemacht. Sie führten zur Konzentration von Produktion und Produzenten in den mediterranen sowie in den atlantischen Hafenstädten und auf den großen Gütern im südeuropäischen Raum und zum Geldhandel. Der Kapitalismus trat sofort mit Massenelend, Massenarmut auf der einen Seite und einer überschnappenden Raffgier auf der anderen Seite in die Weltgeschichte ein.

Äußerlich hatte sich am gesellschaftlichen System noch nichts geändert. Der Papst saß, wo seine Heiligkeit hingehörte, der Klerus tat seine Dienste, der König regierte wie vordem und das Volk gehorchte brav und willfährig, aber inwendig war das alte System bereits ausgehöhlt. Ein nicht verwertbarer Überschuss war geschaffen worden, der sich einerseits in der Anhäufung von Reichtum zeigte und andererseits überflüssige Arbeitskräfte, Männer, Frauen und Kinder, in Elendsquartiere drängte. In diesen Elendsquartieren grassierte der schwarze Tod und bedrohte freilich auch die Reichen und Schönen, weil Krankheit niemals vor Wohnzimmertüren halt macht und dann Alte, ohnehin Geschwächte, schon leicht angeschlagene Personen niederwirft. Es kam zu Tumult und Aufruhr, zu verzweifelten Rufen nach geeigneten Maßnahmen und Rettung von oben. Rettung, auf die die Menschen vergebens hofften, obwohl die Medizin längst in der Lage gewesen wäre, die Situation zu meistern. Die Menschen waren nicht blind. Sie wussten, woran es ihnen mangelte, nämlich an Brot, frischem Gemüse, Milch und Fleisch und ausreichend Wasser zum Waschen und anständigem Wohnraum. Aber die Reichen in ihren luftigen, lichtdurchfluteten Palästen, bei ihren fantastischem Wohlleben und mit ihrer gesunden Lebensweise hockten auf ihren Schatullen und rückten nichts raus. So kam es zum Massensterben. Die Pest war demzufolge nur der äußere Ausdruck des Widerspruchs zwischen der alten und der neuen Produktionsweise, dem nun der Papst als oberster Repräsentant des Ancien Régime mit allen Mitteln entgegentrat. Er sorgte sich nicht so sehr um den Geldadel oder um die Konzentration von Produktion und Handel, das war ihm eigentlich egal, wenn er überhaupt des Übels Wurzel richtig erkannte, sondern ihn bekümmerten die Auswüchse: der aus dem Massenelend entstandene Aufruhr!

Ergo griff der Papst zur Keule, um den Widerstand zu erschlagen. Er rührte auf eine ganz perfide, in der Geschichte bis dahin noch nie da gewesene Art und Weise die Ausrottung des überschüssigen Bevölkerungsteils ein, indem er den Zusammenhalt, das Gemeinschaftsgefühl beschwor und das Volk in Kirchen und auf Plätzen sammelte. Er ließ öffentliche Gottesdienste mit der Zurschaustellung der Heiligen Reliquie abhalten. Er gab sich verständnisvoll, freimütig, großzügig und tolerant und stieß die armen Schlucker dem Tod direkt in die Arme. Die Leute glaubten, folgten und drängten sich zu Hunderten auf diesen Messen und Prozessionen. Sie befühlten, küssten und besabberten das kultische Gerät, infizierten sich und starben an der Pest. Es sind nur wenige Zeugnisse aus dieser Zeit erhalten geblieben, aber diese wenigen sprechen Bände. In den Ballungsgebieten waren nämlich die Gottesdienste schon lange nicht mehr öffentlich. Die Heilige Reliquie wurde am verborgenen Ort aufbewahrt, die Gottesdienste wurden ausschließlich vom höheren Klerus gefeiert, das gemeine Volk hockte bestenfalls in dritter oder vierter Reihe und durfte aus sicherem Abstand zuschauen. Das hatte sich doch nicht eingebürgert, weil es arbeitsteilig einfach praktischer gewesen wäre, dass die einen den Gottesdienst feiern und die anderen nur zuschauen. Nein! Das Christentum hatte sich als eine einzige, einheitlich handelnde Gemeinde etabliert, aber dann unter dem Einfluss des Massenelends in Volk und Klerus aufgespalten. Oder besser gesagt, diese räumliche Trennung von Volk und Klerus wurde praktiziert, weil sich die feinen Herren und Damen vor dem gemeinen, armen Mann ekelten. Ihre Abscheu und Distanz gründeten sich sehr wohl auch auf hygienischen Überlegungen. Wie der Papst nun während der Pest das Volk zu sich rief und die Tempel öffnete, war eine unglaublich heimtückisch eingefädelte Mordtat. Selbstredend war er persönlich nie zugegen. Für den Mord hatte er seine Mittelsmänner und Handlanger. Zugleich ließ er auf den Bildern, auf dem „Totentanz", in Kirchen und Kapellen Gevatter Tod im Reigen mit Männern, Frauen und Kindern aller Stände zeigen, womit er die wirklichen Zustände vertuschen wollte.

Die wenigsten dieser hohen Herrschaften starben an der Pest. Das wäre uns bekannt geworden, zumal die bürgerliche Historiografie nicht müde wird, die Biografien von Königen und Adligen mit immer ausgefeilteren Mitteln zu untersuchen und ihre Erkenntnisse breit zu präsentieren. Sie erstellen lückenlose Lebensläufe und verfolgen Familiengeschichten bis hinunter zu Christus' Geburt. Von irgendwelchen fürchterlichen Einbrüchen durch Epidemien ist da nie die Rede. Denn die Reichen hatten das Geld für die herrlichsten Paläste in den schönsten Gegenden, sie siedelten weitab von den Katastrophengebieten und igelten sich auf ihren Besitzungen ein. Sie strotzen nur so vor Gesundheit und Widerstandskraft und konsultierte die besten Ärzte. Selbst Karl IV. soll im Juni oder Juli des Jahres 1349 wochenlang vor der Stadt Aachen gelagert und gewartet haben, bevor er sich krönen ließ, weil die Stadt vor büßenden und betenden Menschen überfüllt war. Er wusste, warum er nicht hineinging! Menschenmassen, Körperkontakte und Gerangel waren jene

Horte, wo sich die Krankheit am schnellsten ausbreitete. Wahrscheinlich ließ ihn auch der berechtigte Volkszorn abwarten und zögern. Karl IV. wird bis in unsere Tage hohe Intelligenz bescheinigt. Wir wissen es nicht genau. Wir können es nicht bestätigten. Wir stellen nur fest, dass diese Geschichte eine ganz verlogene Erzählung zwischen Gesundbeten und dem sich Heraushalten aus dem Massensterben ist.

Der Papst hielt weiter drauf und rein. Nicht mal anständige Beerdigungen wurden mehr zelebriert. Die Erdbestattung, ein Muss unter Christen, ward für die armen Teufel außer Kraft gesetzt. Angeblich hatten das die Ärzte empfohlen, sollte das der neueste Stand der Wissenschaften gewesen sein. Die Leichen, die Kleider und die spärlichen Wohnungseinrichtungen der armen Teufel ließ der Papst von seinen Landsknechten zusammentragen und verbrennen. Mit der Verbrennung wurden die Sterbenden zusätzlich von der ewigen Verdammnis geschlagen, wie sie glaubten, und was sie und ihre Familienangehörigen unglaublich demütigte und schmerzte. Die Wohnungen der Kranken und Sterbenden ließ der Papst mit Qualm von feuchtem, fauligem Holz ausräuchern. Das nannten sie beweihräuchern und eine göttliche Handlung. Hernach waren die Einrichtungen verdorben, die paar Lebensmittel ungenießbar. Die Überlebenden fanden sich hungrig und nackt unter freiem Himmel wieder. Sie erfroren in der bitteren Kälte und verreckten ohne Wetterschutz. Der Papst hielt weiter drauf und rein. Denn noch war der Überschuss an Elenden nicht beseitigt, war der Krankheitsherd nicht zugeschaufelt. Um das Jahr 1360 herum fanden sich in Nürnberg ein paar Richter und deren

Folterknechte, die einen bekennenden Juden zu einer haarsträubenden Erzählung zwangen, und lösten damit die nächste Vernichtungswelle aus. Die Juden, so hieß es, hätten die Brunnen vergiftet. Da metzelten sich die armen Menschen gegenseitig nieder. Christen gegen Juden und umgekehrt. Die Bevölkerung schmolz weiter zusammen. Papst, höherer Klerus und Kaiser wuschen ihre Hände in Unschuld und beteuerten ihr Mitgefühl.

Als die Messen alle soweit gesungen waren, es praktisch nichts mehr zu holen gab, der Rahm abgeschöpft war, trollte sich Kaiser Karl IV. Die Verfolgung und Enteignung der Juden hatte ihm ein gigantisches Vermögen in die Tasche gespült. Der Papst und die Kleriker hatten ihre Schuldigkeit getan. Nun wollte Karl nichts mehr mit ihnen zu tun haben. Er sackte das Geld ein und sah sich nach einem neuen Betätigungsfeld um. Er war ein gebürtiger Přemyslide und kehrte nach Böhmen zurück. Böhmen war zu jener Zeit völlig unterentwickeltes, von der Weltgeschichte vergessenes und damit von der Pest unberührtes Gebiet. Karl warb Arbeitskräfte und stellte unter seinen Schutz, wer sich ihm für gutes Geld anbot: Handwerker aller Couleur, Bildhauer, Architekten, Wissenschaftler, Banker – völlig unabhängig von ihrem Glauben und Weltbild. Die Menschen waren dankbar für Zuspruch und Förderung. Karl ließ sich in Prag nieder und entwickelte die Stadt zum Mittelpunkt des Abendlandes. Wobei ihm Böhmen nicht genügte. Er gierte nach weiteren Besitzungen. Ergo verkuppelte er eine seiner Töchter mit dem Markgrafen von Brandenburg und bekam derart einen Fuß auf unser Ländchen, welches dazumal über eine prosperierende Wirtschaft und gesunde Nachwuchskräfte verfügte. Nur Otto V. ließ sich nicht so leicht übertölpeln, gab seinen Besitz nicht her, schon gar nicht als Kaufpreis für eine Frau, die noch dazu nicht mehr ganz so jung, bereits verwitwet und damit zweite oder dritte Wahl war. Die Verhandlungen dauerten an die zwanzig Jahre. In diesen zwanzig Jahren besorgte es Karl seinem Schwiegersohn so richtig. Er ließ ihn verleumden und beschmutzen, bis kein guter Faden mehr an dem armen Jungen war. Als Otto der Faule ging Otto V., Reichskämmerer und Kurfürst von Brandenburg, in die Geschichte ein. Eine Übereignungsurkunde soll ausgestellt worden sein und Karl breitete sich in unserer Gegend aus, was freilich zur nächsten Katastrophe führte. Diesen Handstreich des inzwischen gealterten Kaisers duldeten die übrigen europäischen Fürsten nämlich nicht. Sie gierten ebenfalls nach dem gesunden, wirtschaftlich vielversprechenden Gebiet und versuchten dem Kaiser seine Beute wieder abzujagen. Ein riesiger Streit um die Ostprovinzen des Heiligen Römischen Reiches begann. Der Krieg brach aus. Darüber verstarb Kaiser Karl IV.

Etwa einhundert Jahre tobte das Hauen und Stechen der rivalisierenden Gruppen. Am Ende lag das gesamte Römische Reich vom Atlantik bis zur Oder-Neiße-Linie, von den Alpen bis zur Nordsee am Boden. Nichts war gewonnen, alles war kaputt. Das Land war in kleine und kleinste Fürstentümer zerfallen, ungefähr fünfhundert an der Zahl, deren Landesherren ihren Besitz verspielten, verhökerten und einander beklauten. So wechselten die Regenten, wie andere ihre Hemden wechseln. Brandenburg, der Barnim und mithin die Dörfer Mahlsdorf, Kaulsdorf, Hellersdorf, Hohenschönhausen, Marzahn, Falkenberg, Weißensee, Heinersdorf, Wartenberg, Malchow,

Buchholz, Niederschönhausen, Pankow, Blankenburg, Rosenthal und Blankenfelde gerieten in die Hand der Hohenzollern. Friedrich I. wurde Markgraf.

Dieser erste Hohenzoller überfiel die Mark Brandenburg ab dem Jahr 1415 mit fürchterlichem Terror. Er ließ sämtliche, bis dahin auf den Dörfern üblichen Mühlen zerstören und befahl den Bauern, das Getreide nur noch in den fürstlichen Mühlen, in unserem Fall in den Mühlen am Mühlendamm in Berlin, mahlen zu lassen. Damit sicherte sich der Fürst das Monopol über die Lebensmittelverteilung, sprich: er eignete sich das Hauptnahrungsmittel an.

In der Zwischenzeit war Getreide zum wichtigsten Erzeugnis auf dem Barnim geworden. Sowohl die menschliche Ernährung als auch die Tierhaltung und Tierfütterung waren fast vollständig auf Getreide eingestellt. Der eiserne Pflug hatte die extensive Ausdehnung der Flächen ermöglicht und die Bodenbearbeitung verbessert. Infolgedessen war unserer Bauern Fähigkeit zum Jagen, Sammeln, Fischen, Obst- und Gemüseanbau verkümmert, wie sie auch die Weidehaltung ihrer Nutztiere kaum mehr betrieben, wodurch sie nun wiederum auch keinerlei Alternative zum Getreideanbau mehr kannten. Griff nun der Fürst nach dem Korn, griff er zugleich auch den Menschen in ihre Suppen- und Fleischtöpfe und stahl ihnen das Brot vom Munde weg.

Selbstverständlich wehrten sich unsere Bauern gegen Willkür und Terror. Aber sie kamen gegen diese Ruchlosigkeit nicht an. Sie konnten nicht glauben, was ihnen da zugemutet wurde, und ihre Erschöpfung aus den vorigen Kriegen tat das Übrige. Sie fügten sich in fürstliches

Recht. Sie buckelten ihr Getreide zu den fürstlichen Mühlen hin und ließen es dort mahlen, wobei des Fürsten Mittelsmänner an Ort und Stelle den Großteil des Getreides sofort beschlagnahmten. Geprellt und geschlagen hielten unsere Bauern nur noch ein Minimum in ihren Händen. Zwar mochte ihnen dieses Minimum noch ihr Überleben und den Fortbestand ihrer Familien und Dörfer garantieren, aber der Fürst, einmal animiert und gereizt, setzte der Bauern Soll über jegliches von der Natur geschaffene Maß. Sämtliche Einbußen durch Witterungseinbrüche, Tierfraß, Transport- und Verarbeitungsverluste gingen zu Lasten unserer Bauern, sodass sie auf jeden Fall draufzahlen mussten. Zwangsläufig gerieten sie in horrende Schulden. Am Ende hatten sie nichts als sich selbst und verschrieben sich dem Fürsten mit Haut und Haaren. Knechtschaft bis zur physischen Selbstvernichtung! Die Leibeigenschaft verbreitete sich wie eine Seuche. – Der legendäre Zehnt ward ein für alle Male außer Kraft gesetzt.

Friedrich I. trat in den internationalen Getreidehandel ein und wurde stinkreich. Er schoss regelrecht wie Phönix aus der Asche empor und hinterließ ein fantastisches Erbe.

Bereits der zweite Friedrich konnte sich auf der Flussinsel Cölln inmitten der Spree ein herrliches Schloss mit allem drum und dran erbauen lassen und wählte ab 1486 die rasch expandierende Doppelstadt Cölln-Berlin als Hauptsitz für sein sich hoch aufschwingendes Geschlecht. Bemerkenswert, wie sich die Bauzeit für Infrastruktur, Kirchen und Schlösser bei nahezu gleichbleibender Technik extrem verkürzte. Innerhalb weniger Jahre stand so ein prächtiger Palast. Die unverschämte Ausbeutung der

Bauern ermöglichte diesen enormen Anstieg der Produktivität im Bauwesen. – Wobei die Experten unter uns zugeben müssen, dass der Kunstgeschmack, der Sachverstand und das Vermögen der Hohenzollern niemals an die Herrlichkeit der anderen europäischen Fürsten heranreichten, sich vor denen eher lächerlich ausnahmen. – So fiel denn die Blüte dieser Friderizianischen Kunst und Wirtschaft rasch wieder zusammen. Denn der Keim des schwarzen Todes hatte sich auch in den hiesigen Gebieten unter der ausgesaugten und ausgelaugten Bevölkerung rasant ausgebreitet und hielt traurige Ernte. Nebenher spielten sich Mord und Totschlag in den Armenvierteln der Städte, in den Schänken, in den Spielhallen, auf den Straßen und in den Dörfern ab. Entwurzeltes Volk, Arbeitslose, entrechtete Juden, genauso unterdrückte Zigeuner, ausgemusterte Landser und abgehalfterte Kleriker trieben sich herum, tyrannisierten die Bevölkerung und versuchten auf Teufel komm raus, irgendwie zu überleben.

Dieses verwahrloste Erbe übernahm Kurfürst Joachim im Jahr 1499. Er hatte wie seine Vorgänger Großes im Sinn: die Wirtschaft ankurbeln, die Kriminalität unterbinden, Gewinn abschöpfen. Und auch er tat es mit den fatalen Mitteln des Betrügers. Er verbündete sich mit den größeren Ganoven, um die kleinen zu zügeln. Er polemisierte gegen das Unwesen der Bandenkriminalität und ließ einige Köpfe rollen, aber hintenherum hielt er die Hand auf. So spülte es ihm reichlich Geld in die Schatulle. Sein Lieblingszögling, Ritter Matthias von Lindenberg – der war Herrscher über ein ausgedehntes Anwesen mit Acker, Viehhaltung und Untertanen nahe Marzahn – wurde bereits zu Lebzeiten eine Legende. Er war der erfolgreichste, bekannteste, meistgehasste und gefürchtetste Mann auf dem Barnim. Er und seine Truppe legten die kleinen Diebe flach, plünderten die reisenden Händler und die Bauern bis auf's Hemd aus und sorgten für Angst und Schrecken, was den regierenden Fürsten Joachim in seiner Rolle als Schutzpatron ideologisch ungemein stärkte und ihm weitere Pfründe eintrug. Da war es Joachim dann ein Leichtes, sich in idyllischer, ruhiger Gegend, in Rheinsberg am Grienericksee, ein zweites Schloss erbauen zu lassen und sich dort sooft und so lange wie möglich aufzuhalten. Denn Berlin war inzwischen unattraktiv geworden, eines Fürsten Zierde nicht mehr.

Den Bauern wurde ihre Last allmählich zu schwer. Etliche verdrückten sich bei Nacht und Nebel, suchten in der Fremde ihr Glück, andere starben vor der Zeit, Kinder wuchsen kaum noch auf, die Alten nahmen sich resigniert zurück. Erst verfiel ein Dorf, dann ein zweites, dann ein drittes und ein viertes und immer so weiter. Mehrmals gingen die Truppen während des dreißigjährigen Krieges über das Land, aber was sie in unseren Dörfern auf dem Barnim vorfanden, war keiner Erwähnung mehr wert. Da hielten sich die Söldner an die Städte und Dörfer in der Prignitz, auf dem Fläming, in der Lausitz, in Sachsen und in Niedersachsen und schliffen diese.

Als der Große Kurfürst im Jahre 1648 seine Regentschaft aufnahm und sein Land inspizierte, soll er vor Wut und Verzweiflung geweint haben. Ohne Landwirtschaft gibt es keine Nahrungsmittel, ohne Nahrung gibt es auch kein Handwerk – ohne Bauern war hier nichts auszurichten. Seinerzeit, während der blutigen Ereignisse des dreißigjährigen Krieges, der vornehmlich zwischen Schweden und Sachsen ausgefochten worden war und damit in erster Linie in Mitteleuropa tobte, war der Große Kurfürst in Kleve am Niederrhein glänzend versorgt worden und aufgehoben gewesen. Wie er sich nun in Berlin und Umgebung umsah, war er entsetzt.

Das Entsetzen währte jedoch nicht lange, denn er war weitgereist und bewandert und deshalb um eine Lösung nicht verlegen. Er wusste, dass sämtliche Fürsten Personalmangel beklagten. Es gab kein Auswanderungsrecht und keine freie Arbeitsplatzwahl. Wer sich unerlaubt entfernte, musste mit empfindlicher Strafe rechnen. Meistens sühnten die Familienangehörigen, wenn man derer habhaft wurde. Der Große Kurfürst wusste aber auch, wie die Herrschenden den Religionsstreit schürten. Trotz westfälischem Frieden, trotz festgelegter Grenzen, trotz vollmundiger Versprechungen war der Frieden zwar offiziell beschlossen worden, aber er wurde nicht eingehalten, weil sich halt nur ein zänkisches, uneinig Völkchen willführig regieren lässt. Überall war der Mensch des Menschen Feind, traute der Nachbar dem Nachbarn nicht, loderten die Scheiterhaufen, wurden Andersgläubige überfallen, ausgeraubt und ermordet. Die Zustände waren allerorten gräulich. Die schamlose Ausbeutung beförderte das Elend und das Elend beförderte Kriminalität und Denunziation. Charles de Costa hat das in seinem „Ulenspiegel" plastisch und eingehend beschrieben: Oft genug ging es nur um einen Suppentopf, weil die Leute nicht mal mehr den besaßen, um einen Nachbarn der Hexerei zu bezichtigen und der Inquisition auszuliefern. Unter der Folter zog der arme Beschuldigte dann viele Männer, Frauen und Kinder mit hinein. Ganze Familien und Dörfer rotteten sich gegenseitig aus. Den nachgelassene Besitz teilten dann die Nachbarschaft und die Obrigkeit unter sich auf. – Diese Zwietracht nutzte der Große Kurfürst nun aus. Er bekannte sich zum Calvinismus, einer dazumal blutig umstrittenen Spielart der reformierten Kirche, und gab sich freigeistig, freigiebig, liebenswert wie kein zweiter.

Die Methode war nicht neu. Seine Vorgänger hatten sich auch schon zur Reformation bekannt, als sie bemerkten, wie lukrativ das Geschäft mit dem Glauben ist. Sämtliche Steuern flossen fortan in die eigene Tasche statt nach Rom. Die reformierten Fürsten rissen sich die Immobilien der katholischen Kirche unter den Nagel, plünderten die Klöster und die Kultstätten. Wobei sich kein Fürst die Finger beschmutzte, sondern seinem Volk die Drecksarbeit überließ. Was dabei zu Bruch und unwiederbringlich verloren ging, interessierte die Herrschenden nicht die Bohne. Wichtig war ihnen nur, den Heiligen Stuhl zu entmachten und die eigenen Pfründe zu sichern. Und zwar langfristig zu sichern, indem sie sämtliche Schriften verbrennen und die schreibkundigen Mönche und Nonnen ermorden ließen. Als dann aber das Volk seinen Forderungen geltend machte – nichts mehr und nichts weniger als die Wiedereinführung des legendären Zehnt! –, kehrten sich die Fürsten blitzschnell um. Sie erfanden irgendwelche Hausreligionen, also irgendwelche Mischformen unabhängig von Rom und zugleich über dem Volk stehend, da waren der Fantasie keine Grenzen gesetzt, und ließen die Aufständischen blutig zusammenhauen. Der große Reformator, Martin Luther, gab ebenfalls den puren Wendehals, trat für den Bauernmord ein: „Schlagt sie, wo ihr sie trefft", und mimte den harmlosen Philologen, der die Bibel übersetzt hatte und damit nicht Böses gewollt habe. Die Fürsten und der Reformator waren sich fortan in sämtlichen Fragen einig.

Seither waren mehr als einhundert Jahre vergangen und auch der Große Kurfürst setzte nunmehr auf Freigeistigkeit, indem er sich das Mäntelchen des Calvinismus umhängte und seine tolerante Gesinnung nach allen Regeln der Kunst propagieren ließ. Er lockte die Hugenotten in sein verwaistes Ländchen. Er versprach ihnen Schutz, Steuerfreiheit und Wohlstand, freies Schaffen auf freiem Grund. Aber wie sie herkämen, was sie bei ihrer Flucht riskierten, weil kein Landesherr freiwillig sein Personal aufgab, wie schwer den Hugenotten der weite Weg über zig Ländergrenzen werden würde, war dem Großen Kurfürsten egal, wie auch seine Nachfolger fürderhin mit völliger Gleichgültigkeit und Abgebrühtheit Flüchtlinge mobilisierten und anlockten.

Die Neusiedler Marzahns, ungefähr zehn Familien, kamen aus der Pfalz. Sie richteten sich notdürftig ein und befruchteten den Boden. Die Saat ging auf. Die Felder trugen prächtig. Der Boden war ausgeruht, lange nicht bestellt worden und gab nun in Hülle und Fülle. Während die Sonne strahlte, der Regen zur rechten Zeit niederging und sich die Keimlinge in die Höhe reckten, schauten sich unsere Bauern um, legten Hand an ihre Häuser, gruben in ihren Gärten und schmiedeten schon mal Pläne für die kommende Zeit. Und schon tauchte der Taxator auf! Hoch zu Ross trabte er heran, schritt die Felder ab, urteilte wohlwollend und zufrieden, nickte hier und da. Er schrieb auch einige Zahlen in seine Kladde und ging dann weiter. Unsere Marzahner folgten ihm ohne Arg und Misstrauen. „Nun denn", verabschiedete sich der Mann, „wir sehen uns im August, spätestens im September in Berlin." Unsere Marzahner erwiderten den Gruß freundlich. Sie wussten, dass in Berlin die fürstlichen Mühlen arbeiteten und würden im Herbst ihr Getreide dort mahlen lassen wollen, ihr Mehl heimbringen und auch einen Teil ihrer Ernte auf dem städtischen Markt versilbern können, meinten sie. So war es mit dem Großen Kurfürsten verabredet. Dieser freigeistige Mann hält sein Wort, dachten unsere Marzahner.

Sie ernteten ihr Korn, verstauten es in Säcken, luden die Säcke auf die Ladepritschen und zottelten mit Pferd und Wagen, teilweise sogar zu Fuß und die Säcke auf den Schultern tragend, zur Stadt hin. Der Müller nahm ihnen das Korn ab, stückchenweise, Sack für Sack und mahlte es zu Mehl. Sogleich machte er die Rechnung auf. Die war aber verdammt hoch! So fing eine der größten innenpolitischen Auseinandersetzungen jener Zeit an. Der Müller rief dreißig, vierzig Prozent als Lohn für seine Arbeit auf. Unsere Marzahner empörten sich. „Ihr glaubt doch wohl nicht", erklärte der Müller, „dass ich das für mich behalten kann. Was denkt ihr, was unser Fürst von mir an Miete und Steuern verlangt!" Unsere Marzahner echauffierten sich. Der Müller rückte aber das, was er bereits eingenommen hatte, nicht mehr heraus. Das Mehl blieb bei ihm. Da dämmerte es unseren Marzahnern. Da wurden sie handgreiflich. Da rief der Müller nach der Stadtwache. Vor der Gewalt beugten sich unsere Marzahner, schnürten ihre Reste zusammen, schickten sich geknickt in ihren Abzug und wendeten sich dem freien Markt zu.

Nur der Rückzug ward ihnen ebenfalls verwehrt, weil der fürstliche Taxator noch nicht zufriedengestellt war. Der hielt nun seinerseits die Hand auf das restliche Getreide und bestimmte: „Beschlagnahmt!" Eine Rauferei entstand, viele böse Worte flogen hin und her. Die Stadtwache griff harsch ein. Am Ende kehrten unsere Marzahner mit leeren Taschen heim.

Was in der bürgerlichen Historiographie als Erfindergeist der Hugenotten und als kluger Schachzug des Großen Kurfürsten gelobt und gepriesen wird, ward aus unseren Neusiedlern bei Armut, Hunger und Schmach herausgepresst worden. Unsere Marzahner gerieten augenblicklich in die größte Not, denn sie hatten nichts zu essen. Da kehrten sie sich um, was blieb ihnen auch übrig?, und verlegten sich auf Gemüseanbau. Die Pfälzer waren traditionelle Gemüsebauern. Zum einen riskierten sie nicht mehr, ihres Korns beraubt zu werden, was in gewisser Weise schon irgendwie schlau war, und zum anderen hatten sie ein sicheres Händchen für Obst und Gemüse. Nur eh so ein Obstbaum wächst und Früchte trägt, eh sich unsere Bauern mit den so ganz anderen natürlichen Bedingungen in ihrer neuen Umgebung vertraut gemacht hatten und eh genug Pflanzen und ausreichend Saatgut herangezogen waren, verging eine lange Zeit, in der sie elendig darbten. Indessen wuchs ihre Steuerschuld auf dem Amt Köpenick, wo sie registriert waren, beharrlich an, denn der Kurfürst ließ ihnen nichts nach. Ihn ärgerte, dass der Getreideanbau nicht in Schwung kam. War doch der Barnimer Roggen auf dem Weltmarkt heißbegehrt und wurde gut bezahlt. Eine ganze Generation Pfälzer und der Große Kursfürst arbeiteten sich an dem Rechtsstreit ab und jede

Partei blieb stur bei sich. Darüber verstarb der Landesherr. Sein Nachfolger, der sich Friedrich I. und König nennen ließ, übernahm den Rechtsstreit.

Unsere Bauern hockten in ihrer Kirche zusammen, huldigten dem Christengott, praktizierten ihre eigenen Rituale und verfestigten ihre Ansichten von der Welt. Sie bildeten ein eingeschworene Gemeinschaft. Diskriminierung und Flucht, Not und Elend hatten sie zusammengeschweißt und hatten ihnen auch ein schier unüberwindliches Selbstbewusstsein eingebracht. Es gab für sie nichts Höheres als den Zusammenhalt ihrer kleinen Gruppe. So legten sie denn auch zusammen. Pfennigweise sammelten sie in einem Töpfchen, was ihnen an Steuerschuld angerechnet werden sollte beziehungsweise was ihnen als Preis für ihre Freiheit angemessen erschien.

Wir kennen die Summe nicht, wir wissen auch nichts über den Akt an sich, aber wir sahen, wie die zweite Generation unserer Pfälzer als Eigentümer über ihr Land ins Grundbuch eingetragen wurde. Kein Name ist erwähnt, nichts deutet auf die näheren Umstände hin, nur eins ist klar, dass die Gemeinde Marzahn unter König Friedrich I. seine Selbstständigkeit erlangte. Sehr wahrscheinlich ist auch, wie der König leuchtende Augen bekam, als er das Geld sah, und trunken vor Gier und Freude Zugeständnisse machte. Denn keiner dieser Halunken erinnerte noch seiner Gelübde und Worte von gestern, wenn er Geld sah. Fortan durften unsere Marzahner nach eigenem Ermessen schalten und walten, Verträge abschließen, Handelsbeziehungen knüpfen, waren nicht mehr tributpflichtig und ganz und gar ihr eigener Herr. Ähnlich dem Stadtrecht waren unsere Marzahner akzeptiert und aufgestellt, was sie freilich beflügelt und beglückt haben muss.

Dass unsere Marzahner bei diesem Erfolg nicht übermütig wurden, gleicht schon einem kleinen Wunder, denn draußen sah es vielerorts ganz anders aus. Die meisten Bauern waren landlos. Sie lebten von der Hand in den Mund, auf einem niederen Niveau als ihre Haustiere und löhnten doppelt, wenn nicht dreifach: dem Landesfürsten, ihrem Gutsherren und der Kirche. Der Landesfürst hatte sich einen riesigen Apparat an Verwaltern und Vollstreckern in Form von Pächtern, Landadligen beziehungsweise Junkern zugelegt, der ihm seine Schätze eintrieb. Dabei beklauten, prellten, übervorteilten, betrogen und hintergingen sich diese Freiherrn, Gutsbesitzer, Adligen gegenseitig, schamlos und ohne Unterlass. Wenn ihnen der König drauf kam, ein Streit allzu stark ausuferte, ließ er Köpfe rollen. Der Adligen Aufstieg war rasant, des einzelnen Karriere kurz und sein Fall praktisch unvermeidbar. Obendrein neigten diese Parasiten samt und sonders zu Verschwendung, Trunksucht und Völlerei, wodurch die Dörfer in arge Mitleidenschaft gezogen wurden und hernach immer weniger einbrachten. Die meisten Junker gebärdeten sich wie unerzogene Halbwüchsige, unreif, kurzsichtig, anmaßend, und im Grunde hätte man sie bedauern müssen oder belächeln können, wenn sie nicht so brandgefährlich gewesen wären. Vielleicht war es gerade dieser Lebensstil, der unsere Marzahner abschreckte und Maß halten ließ. Selbstverständlich war Marzahn kein Einzelfall. Der König achtete auf sein Einkommen, seine souveräne Position, sicherte sich in jeder Richtung ab und gestand auch auf dem Fläming, auch in der Prignitz und in der Neumark kleineren Ortschaften ihr Selbstbestimmungsrecht zu. Diese freien Bauern erhellten ab und an mit ihrem Sonderweg die Düsternis jener fernen Tage.

Der König brauchte Geld und zwar viel Geld. Längst hatte er die Osterweiterung seines Landes bis zur Weichsel und darüber hinaus ins Auge gefasst. Er rüstete im großen Stil und forcierte den bereits unter seinem Vorgänger angefangenen Festungsbau. Immerhin die vollständige Ummauerung der nicht unbeträchtlich angewachsenen Stadt Berlin. – Uns erschließt sich der tiefere Sinn dieser Anlage freilich nicht, wo doch die Schlachten im Ausland und nicht in der Hauptstadt geschlagen und gewonnen werden sollten. Nun ja, die Logik des Größenwahns deckt sich halt nicht mit dem gesunden Menschenverstand, wie der weitere Verlauf unserer Geschichte zeigen wird. – Der König verdonnerte jeden nach Berlin hereinkommende Bauern – und hereinkommen mussten sie, weil nur hier die zugelassenen Mühlen arbeiteten – zum Schanzen. Hatten sich die Bauern dann ein, zwei oder mehrere Tage krumm und bucklig geschuftet, händigte ihnen der Arbeitsaufseher eine Quittung aus und mit diesem Papier durften die erschöpften Männer, Frauen und Kinder die Stadt wieder verlassen. Dieses System funktionierte zunächst reibungslos. Der Bauer war und ist zumeist ein geduldiger Untertan, wobei er sich beim Festungsbau naturgemäß restlos verausgabte. Allmählich stockte der Bau. Denn das Bauen im Schwemmsand verlangte einen ungeheuren Aufwand, bedurfte eines hohen ingenieurtechnischen Geschicks und war halt nicht ganz so leicht. Riesige Erdmassen mussten bewegt, der Fluss musste angestaut und umgeleitet, und der Baugrund musste befestigt werden. Die Schwierigkeiten zeigten sich im langsamen Fortschritt, bis der Bau überhaupt nicht mehr weiterkam. Es ist nicht überliefert, wie hoch die Ausfälle waren und welche konkreten Rückschläge es gab. Es ist aber überliefert, dass der Bau abgebrochen und nie fertiggestellt wurde. König Friedrich I. war weder der erste noch sollte er der letzte Bauherr sein, der sein Geld im Schwemmsand der Spree versenkte. Mittlerweile waren die königlichen Taschen leer, die Landwirtschaft auf dem Barnim auf ein Minimum geschrumpft, es kam kaum noch Getreide herein, der Handel stagnierte und die Bürger der Stadt darbten. Der König steckte in der Klemme und hatte sich also verspekuliert. Da blieb ihm nichts weiter übrig, als sein Staatswesen mit vernünftigen Mitteln zu regulieren.

Er löste den Mahlzwang stellenweise auf, verteilte ein paar Mühlen auf dem Barnim, freilich nur in den von seinen Junkern verwalteten Ortschaften, und kurbelte derart die Getreideproduktion wieder an. Dabei vergaß er nicht, vorsorglich noch ein paar bewaffnete Landser nachzuschieben, auf dass ihm seine leibeigenen Bauern und seine Junker nicht übermütig würden. So kamen auch unsere Marzahner zu einer nahen Mühle. Im Jahr 1712 wurde diese Mühle im kaum fünf Kilometer entfernten Ahrensfelde in Betrieb genommen. Nebenher und nicht ganz unwesentlich wurde Ahrensfelde Garnison. Unsere Marzahner nutzten flugs die Gunst der Stunde, denn auch sie litten ihren Verzicht auf Getreideanbau. Sie stiegen wieder in die Getreideproduktion ein, nutzten die Mühle ihrer Nachbarn, und den vom König verfügten Aufschwung.

Augenblicklich schlug sich die bessere Ernährung in wachsendem Wohlstand nieder und die Bevölkerung entwickelte sich positiv.

Im Jahr 1734 hatte sich unsere Gemeinde Marzahn von ursprünglich zirka 50 auf rund 200 Personen vergrößert. Unsere Marzahner konnten ihre Viehhaltung ausdehnen und ihre Wohnhäuser verschönern. Sie bauten sich eine Schmiede, ein Schäferhaus und eine Schule – alles Zeichen von Wohlhabenheit und nahezu städtischen Verhältnissen. Geordnete Bildung kam seinerzeit nur einer Handvoll Bürgersöhnchen und adligen Sprösslingen in den Städten zu, die Dörfer unterhielten in der Regel auch keine eigene Schmiede, weil sich kaum ein Bauer Pferd und Wagen leisten konnte, und die Beaufsichtigung des bisschen Weideviehs erledigten zumeist die Kinder. Nunmehr verfügte unsere Gemeinde Marzahn mit einem eigenem Schmied, mit einem Schulmeister und mit einer Hirtenfamilie über einen gehobenen Standard. Nur die eigene Mühle fehlte noch. Aber das würde auch noch werden.

Die Kloake der Großstadt

Der Barnim sah längst nicht mehr so aus wie vor fünf-hundert Jahren, als die ersten Christen hier eintrafen. Der üppig wuchernde Wald war einer weitläufigen Ackerflä-che gewichen. Inzwischen konnte man kilometerweit schauen. Die Bäume waren gerodet, deren Holz für den Bau der Dörfer und Städte verwendet worden – die großen, festen Eichenstämme dienten als Fundamente für die Siedlungen im Schwemmsand der Spree – und Brennholz wurde nach wie vor tagtäglich gebraucht. Nur vereinzelt standen noch Baumgruppen und Strauchwerk. Die Ackerkrume drohte zu verwittern und Holzmangel bahnte sich an. Das erkannte bereits der Große Kurfürst, der ein Programm zur Aufforstung und Waldpflege auf-legte. Er holte Fachleute und die schnellwüchsige Kiefer herein, um dem Dilemma vorzubeugen. Viel richtete er damit nicht aus. In dem Wust der anstehenden Aufga-ben hatte er weder die Zeit noch den Schneid, sich da durchzusetzen. Die einheimischen Hölzer wurden weiter verbaut und verheizt. Die Bodenfruchtbarkeit nahm ra-pide ab. Der Barnim wurde eine vertrocknete, karstige Ebene aus schwer zu bearbeitendem Lehm und ziemlich unfruchtbar. Doch dann schienen sich mit der Erfindung der Dampfmaschine und im Zuge der Industrialisierung fast alle Probleme der Welt wie von selbst zu lösen. Bau-stoffe, Lebensmittel und Heizmaterial konnten über wei-te Strecken transportiert und in jeden Winkel verteilt werden. Der Barnim wurde als Rohstofflieferant für die nahe Metropole Berlin und für die Städte in der Umgebung nicht mehr gebraucht. Für die Bauern gab es keine Perspektive mehr. Notgedrungen oder leichtfüßig trennten sie sich von der Landarbeit, gaben Hof, Stallungen und Acker auf, um in der expandierenden Industrie eine Anstellung zu suchen und zu finden.

Nur war der Zugewinn durch die industrielle Revolution nicht für alle gedacht! Als Arbeitskräfte waren die Bauern in den Ballungsgebieten willkommen, aber als Wohnungsinhaber, als Käufer, als Verbraucher im eigentlichen Sinne hatten sie das Nachsehen. Die Geschäfte barsten vor Angeboten, die Lager waren prall gefüllt und Wohnungen wurden reichlich gebaut, während sich die Arbeiter wie ehedem in Elendsquartieren drängten, von Abfällen ernährten und lumpige Kleider trugen. Da rauften sie sich zusammen, gründeten ihren Bund der Kommunisten und langten nach der politischen Macht. Karl Marx und Friedrich Engels formulierten 1848 das Programm der Kommunistischen Partei und gaben der Arbeiterklasse mit ihrer historisch begründeten Weltsicht eine mächtige Waffe in die Hand. Übrigens, das „Kommunistische Manifest" stand bereits bei seinem Erscheinen in Deutschland auf dem Index. Sein Druck, Verbreitung und Besitz wurden hart bestraft. Seither schmachteten hunderte, tausende fortschrittlich denkende Menschen in den Kerkern des Reiches. Nichtsdestotrotz formierte sich die Arbeiterbewegung. Daraufhin verfügte der deutsche Kaiser neben all den Verbotsgesetzen ein Kirchenneubauprogramm. Er gab sich tolerant und freigeistig. Kirchen aller Konfessionen wuchsen in den Städten in Massen empor und auch das Landvolk sollte wieder frommer werden.

Allein unsere Marzahner hatten mit der Staatsreligion nichts im Sinn. Sie bildeten ihr eigenes, selbständig denkendes, kleines, autark wirtschaftendes Trüppchen. Mehrfach verlangte das Oberhaupt des reformierten Kirchenkreises Berlin-Brandenburg von ihnen, ihre aus dem 13. oder 14. Jahrhundert stammende Kirche abzureißen und an dieser Stelle einen Neubau nach den Plänen des Hofarchitekten Friedrich August Stüler zu errichten. Unserer Marzahner Wohlstand und Lebensstil basierte aber auf ihrer wirtschaftlichen und ideologischen Unabhängigkeit. Sie lehnten vehement ab. Zumal die Finanzierung des Neubaus den Gemeinden oblag und der Kaiser keine müde Mark investierte. Insofern ignorierten unsere Bauern ihres Kaisers Begehr mehr als zwanzig Jahre lang. Sie duldeten auch keinen Priester von der Landeskirche bei sich. Sie machten ihr eigenes Ding. Aber dieses eigene Ding wurde auch ihnen zunehmend schwerer. Zwar verfügten sie über ihren Boden, ihren Stolz, ihren Zusammenhalt, ihre zweihundertjährige Tradition und Geisteshaltung, aber sie lebten dennoch nicht im luftleeren Raum. Die Ackerkrume des Barnims war ausgetrocknet und verödet. Unsere Marzahner konnten ihr nur mit mühsam beigebrachter Bewässerung und Düngung Frucht abgewinnen. Kunstdünger war verdammt teuer, Stallmist nur so viel vorhanden, wie die spärliche Viehhaltung hergab, und Bewässerung war mit einem unglaublichen Kraftaufwand verbunden. – Die oberirdischen Wasserquellen waren derweil alle versiegt. Wasser musste per Hand aus Brunnen geschöpft respektive weite Strecken über Land befördert werden. – Unsere Marzahner versuchten es mit veränderter Fruchtfolge, moderner Technik und modernen Technologien, sie errichteten sich sogar eine eigene Mühle, um preisgünstig mahlen zu können, aber viel kam nicht mehr herüber, die Investitionen lohnten nicht. Die Marzahner Mühle stand ein paar Jahre, die Müller kamen und gingen wie das Wetter, denn das eigenständige Gewerbe ernährte seinen Mann nicht. Da verfiel die Mühle wieder und unsere Marzahner zottelten mit ihrem bisschen Korn lieber wieder nach Ahrensfelde hin. Im Grunde war es ein Trauerspiel und es wurde immer schlimmer. Die ersten dachten insgeheim schon an Aufgeben und Fortgehen, als das Elend der anderen ihnen eine gigantische Chance in die Hände spielte.

Berater zogen übers Land und erklärten folgendes: Der wachsenden Großstadt Berlin ständen die Fäkalien bis zum Hals, machten die Leute krank und die Stadt unansehnlich und unattraktiv, da müsse man eine Kanalisation anlegen, die Abwässer aus der Stadt hinaus und über die Felder leiten. Der Boden würde das Schmutzwasser reinigen, und sauberes Wasser könne man hernach in die Stadt zurückfließen lassen. Diese Erfindung ward von Ludolf Hobrecht ausgedacht, die Baumaßnahmen aus dem Steuersäckel finanziert, die Initiative vom Parlament unterstützt und habe den wunderbaren Nebeneffekt, die Felder zu bewässern und zu befruchten, intensive Landwirtschaft erneut zu ermöglichen, billiger als bisher und viel mehr als jeder andere zu produzieren. Das Baugeschehen hatte schon begonnen. Viel Land ringsherum gehörte dem Fiskus. In Falkenberg, in Wartenberg und in Malchow dehnten sich bereits die Rieselfelder. Man schrieb das Jahr 1880. Unseren Marzahnern blieb der Mund offen stehen.

Sie waren sofort begeistert. Eine staatlich geförderte Maßnahme zu ihren Gunsten, das wollten sie sich gefallen lassen. Sie schlugen begeistert ein. Ingenieure kamen und breiteten ihre Pläne aus und hunderte Erdarbeiter rückten an, parzellierten die Felder, hoben Auffangbecken aus, zogen Gräben, gruben Tonröhren ein, legten Dämme an, fügten Wehre ein. Es dauerte auch nicht lange, da waberte in den Kanälen die stinkige Brühe und ergoss sich in wahren Strömen über das müde gewordene Land.

Am Morgen nach der ersten Flutung offenbarte sich der helle Wahnsinn. Graugelb lagen sämtliche Pflanzen danieder. Nicht ein Hälmchen stand mehr. Alles war tot. Erstickt, vergiftet! Auf allen Feldern war der gesamte Anbau auf einen Schlag vernichtet. Unseren Marzahnern leuchtete sofort ein, was geschehen war. Überdüngung hieß das Schlüsselwort. Man hatte sie ins offene Messer laufen lassen. Unsere Marzahner hatten blind vertraut. Sie waren barsch entsetzt und schlugen sich vor die Stirn. Nur ihr Verstehen nutzte ihnen nun nichts mehr. Aber auch gar nichts! Sie rekapitulierten die Zusammenhänge und ihre eigene Dusseligkeit. Der Boden war hin! Und darüber hinaus würde die Dreckbrühe über längere Zeit und in Massen ausgebracht alle Brunnen im Umkreis von fünfzig Kilometern nachhaltig vergiften. Unsere Marzaner stoppten den Zulauf auf ihren Feldern, ließen alles stehen und liegen und schwärmten aus, um genau das zu tun, was sie hätten schon viel früher tun müssen: Sie sammelten Informationen.

Es ist nicht überliefert, wie groß der Schaden wirklich war. Es ist nicht beziffert, wie viele Menschen krank wurden, wie hoch die Ausfälle an Vieh waren. Es ist nie untersucht worden, wer und wie an dem verseuchten Trinkwasser verreckte. Denn die Letalität unterm einfachen Volk war zu jener Zeit ohnehin sehr hoch. Außerdem hatten weder die armen Städter noch die kleinen Bauern irgendeine Lobby. Nach dem Schicksal der Hunderttausend krähte dazumal kein Hahn, jedenfalls nicht sichtbar, weil die Sozialdemokratie verboten war.

Deutlich sichtbar war jedoch, wie es die Hautevolee massenhaft aus dem Ballungsgebiet hinaus und in bessere Gegenden trieb. Wer das Geld dazu hatte, nahm sich andernorts eine Wohnung, schön weit weg von dem Katastrophengebiet. Villenvororte schossen im unberührten Umland wie Pilze aus der Erde. Bauland wurde teuer, der Boom belebte die Branche, wobei es nur Spekulanten und Betrügern vergönnt war, sich genüsslich an der Peripherie niederzulassen und sich dabei dumm und dämlich zu verdienen.

Indessen erstickte die Stadt Berlin förmlich an ihren Leichen, die sie auf den bislang genutzten Friedhöfen nicht mehr unterbringen konnte. An allen möglichen und unmöglichen Orten mussten Verwesende aufbewahrt werden. Einäscherung war seinerzeit noch restlos verpönt, Beerdigung vom christlichen Glauben geprägt und Verbrennung praktizierten ausschließlich Heiden, Atheisten und Sozialdemokraten, derer es nicht so viele gab. Der Berliner Stadtverwaltung standen Krematorien nicht an und die Haare zu Berge. Schlussendlich suchte und fand man eine rasche, vor allem unauffällige Lösung. Jenseits der Eisenbahntrasse, westlich des Bahnhofs Marzahn okkupierten die Berliner ein freies Fleckchen. Mit der Bahn wurden die Leichen angeliefert und ohne Umstände eiligst in die Erde gelegt.

Als unsere Marzahner die Zustände ausreichend analysiert hatten, schickten sie eine Abordnung in die Stadt, nahmen sich einen Anwalt und zogen vors Landesgericht. Dort führten sie Klage. Der Staatsanwalt sträubte sich und die Richter guckten sich ratlos um und an. Zwar mussten sie zugestehen, dass einiges im Argen lag, nur Schadenersatz oder Nachbesserung waren nicht vorgesehen. Da wendeten sich unsere Marzahner an die Öffentlichkeit, brachen in Lärm und Geschrei aus. „Seht ihr denn nicht, wie sie mit euch und mit uns Schindluder treiben!", krakeelten sie vor dem Gerichtsgebäude. Der Menschenauflauf war enorm, nur halt in dieser Zeit des Sozialistengesetzes gänzlich unangebracht. Die Polizei kam, zerstreute die Menge und führte unsere Marzahner ab.

Da saßen sie nun, unsere tapferen Helden, unsere eingeschworenen, einsamen Kämpfer und schmorten im Untersuchungsgefängnis. Und wieder kam ein Kaiser mit seiner ganzen Allmacht, mit seinem „Genius" und mit seinem „Großmut". Er ließ Gnade vor Recht ergehen, zwinkerte mit einem Auge und sprach huldvoll: „Ich will euch den Schaden ersetzen, ich will sehen, was sich machen lässt. Nur seht auch ihr nun endlich zu, dass ihr eure neue Kirche baut." So oder so ähnlich mag es abgelaufen sein. Wir waren nicht dabei. Wir kennen nur das Ergebnis. Unsere Marzahner buckelten und schlugen ein. Was blieb ihnen auch übrig? Sie kehrten heim.

Und während nun wieder Ingenieure, Biologen und hunderte Erdarbeiter anrückten, die Gräben ausspülten, Proben nahmen, gigantische Versuchsreihen aufstellten, an der Anlage bastelten und tüftelten, rissen unsere Marzahner ihr kleines Kirchlein ab und setzten an die Stelle, wo einst das Kleinod der Kulturgeschichte gestanden hatte, einen Protzbau, wie es ihr Kaiser wünschte. Übergroß, angeberisch und wenig geliebt thronte seitdem der sakrale Bau über den sich bescheiden an der Erde duckenden Bauernhäusern. Bauernhäuser wie ehedem mit nur einem Raum und nur einer Heizstelle, wo die ganze Familie aß, schlief, werkelte und im Winter auch noch die empfindlichsten Nutztiere untergebracht waren.

Kaum war die Kirche fertig, eingeweiht und begossen, drängte sich auch schon ein reformierter Oberhirte ins Bild. Er reiste mit großem Brimborium an, nistete sich mit seinen Privatsachen im Schulhaus ein, verlangte Magd und Hausdiener, breitete sich aus und übernahm das göttliche Geschäft. Unsere Marzahner schauten zu, hielten den Mund und dachten sich ihren Teil. Man musste die Kirche ja nicht unbedingt betreten, wenn man mit Gott Zwiesprache halten wollte. Solche Dinge gedachten unsere Marzahner, auch künftig unter sich zu regeln und mit ihrem Gewissen klarzumachen. Unser Priester verhielt sich ruhig. Sie werden schon kommen, dachte er. So dachte er geraume Zeit, bis sein Geld knapp wurde, weil kaum etwas in den Opferstock floss und das regelmäßige Salär vom Kirchenamt äußerst knapp bemessen war. Es gab aber auch in Marzahn einige, denen der junge Mensch leid tat und die ihm heimlich was zusteckten. Vielleicht wollten sie sich auch nach beiden Seiten absichern. Wir kennen die Beweggründe nicht, wir ahnen sie nur.

Jedenfalls nagte unser Priester eine Weile am Hungertuch, bis er eine ersprießliche Quelle für sich entdeckte. Die Zustände auf dem neuen Marzahner Friedhof nahe der Bahnstation waren bislang wenig gottgefällig und ziemlich herzlos geblieben. In Massengräbern, namenlos, ohne Totenfeiern, Grabstein und Beschriftung waren die armen Verstorbenen eingescharrt worden. Nun hob unser Priester den Kopf, die Brust und die Stimme. Er rührte den Bau einer Wartehalle für die Trauergäste und die Errichtung einer kleinen Kapelle für Totenfeiern ein. Er organisierte Beerdigungen mit einem würdigen Ritual und sorgte für eine angemessene Grabanlage selbst für völlig mittellose Schäfchen. Dass er nebenher im Trauergefolge die Hand aufhielt, sei ihm vergönnt. Er musste ja auch von irgendwas leben. Fortan ging es im besser.

Mittlerweile war die Entwicklung auf den Rieselfeldern soweit fortgeschritten, dass sauberes Wasser aus den Zapfstellen in der Stadt Berlin floss und auch in Marzahn und auf den Dörfern ringsherum wieder Licht am Horizont auftauchte. Großen Anteil an der Wiederbelebung unserer Gegend hatte der populäre Erfinder und erfolgreiche Fabrikant Werner von Siemens. Er kaufte seinerzeit, als die Katastrophe am schlimmsten war, das heruntergekommene, verdreckte, verseuchte Rittergut Biesdorf zum Schnäppchenpreis. Dort legte er eine Versuchsstation an. Er ließ einen zehn Meter tiefen Brunnen bohren, rief Chemiker und Biologen hinzu, entnahm Proben, bohrte weiter, probte wieder, bis sauberes Trinkwasser zutage trat. – Selbstverständlich tat es die simple Bohrung nicht allein. Man benötigte zuverlässige Energiequellen, Strom oder Dampf, für die leistungsfähigen Pumpen, um die Abwässer aus der tiefliegenden Stadt auf den 30 Meter höher gelegenen Barnim zu befördern. Außerdem brauchte es

Wassertürme für den Druckausgleich in den Trinkwasserleitungen. Das war eine riesige Anlage, die da entwickelt, erprobt und ausgebaut werden musste. – Diese Anlage, die bis heute ihren berechtigten Platz in den Geschichtsbüchern hat, verfestigte den Namen Siemens' als genialen Meister der Ingenieurkunst und war die technische Voraussetzung für den Fortbestand unserer Marzahner überhaupt. Sie hoben Siemens auf den Sockel eines Heiligen, huldigten ihm, entboten ihm allen Respekt und viel Verehrung. Er wurde ihr Messias.

Zehn Jahre nach der ersten Flutung brachten die Felder den gewünschten Ertrag, Berlin war eine ansehnliche Hauptstadt geworden und die Reichen und Schönen kehrten ins Zentrum zurück. Wobei sich nicht die gesamte Hautevolee wieder für dieses Zentrum erwärmte. An der Peripherie, in den ländlichen Gegenden fühlten sich die reichen Leute fürderhin auch recht wohl. Wer es sich leisten konnte, unterhielt wie sein Kaiser und sein Kanzler sowohl hier als auch dort ein Domizil. So kam auch Marzahn zu ein paar hübschen, im klassizistischen Stil erbauten Sommerhäusern, deren Besitzer von der frischen Luft, der erdigen Landarbeit, der gesunden Lebensweise, den bäuerlichen Tugenden schwärmten, solange sie nicht selbst Hand anlegen mussten. Die Eisenbahn und alsbald das Automobil garantierten Beweglichkeit, Lebensmittel-, Luxusartikel- und Dienstbotentransfer.

Und auch Siemens blieb. Nachdem er die Rettung Marzahns bewirkt oder zumindest ein ganz Stück nach vorn getrieben hatte, ließ er auf 127 Hektar seines 600 Hektar großen Privatbesitzes eine Heil- und Pflegeanstalt für

Menschen mit geistiger und körperlicher Beeinträchtigung aufbauen. – Im ausgehenden 19. Jahrhundert entstanden sehr viele Heil- und Pflegestätten in deutschen Landen. Denn zum einen sorgten eine aufgeklärte Ärzteschaft und aufopferungsvolles Pflegepersonal rührend für die Kümmerlinge. Und zum anderen hatten der Kaiser und sein Klüngel ein brennendes Interesse an der Volksgesundheit, weil sie nur mit gesunden Menschen ihren Wohlstand und ihr Staatswesen aufrechterhalten können würden. So förderten sie das Gesundheitswesen und die Forschung punktgenau, umsichtig und großzügig. Privatinitiativen wurden mit Steuermitteln kräftig unterfüttert.

Unsere Marzahner rieben sich zunächst an der Heil- und Pflegeanstalt. Sie rebellierten nicht, aber sie beobachteten den Fall mit Skepsis. Auf dem Gelände nahe des Flüsschens Wuhle wurden mehrere Wohnhäuser und Versorgungseinrichtungen, und sogar eine klinikeigene Kirche gebaut. Diese Ballung von so vielen Irren machte unsere Marzahner bange. Argwöhnisch schauten sie dem Fortgang der Dinge zu. Offensichtlich Kranke und Gesunde kamen an, richteten sich ein, tummelten sich hier und da und gestalteten die Freiflächen rings um die Gebäude zu Gärten um. Das sah schon mal ganz hübsch aus und ließ unsere Marzahner gelassener dreinblicken. An Sonntagen reisten Männer, Frauen und Kinder in Massen mit der Bahn an, pilgerten zur Klinik, besuchten ihre Angehörigen und kehrten erst spät abends wieder heim. Das sah nach Familienidylle aus. So was mochten unsere Bauern. Dafür hatten sie Verständnis. Und als sie dann allmählich auch noch mitbekamen, wie liebevoll sich Ärzte und Schwestern um ihre Schützlinge kümmerten und wie harmlos die Behinderten in Wirklichkeit waren, da wollten unsere Marzahner ihre neuen Nachbarn nicht mehr missen. Zumal sie ihren Nutzen aus der Heil- und Pflegestätte „Wuhlgarten" zogen, weil die Insassen massig Lebensmittel benötigten. In Hoch-Zeiten waren an die vierhundert Menschen tagtäglich zu versorgen. Ärzte und Pfleger wohnten zugleich auf dem Gelände. Die Bauern lieferten Mehl, Gemüse, Fleisch, Eier, Milch und wurden von der staatlichen Einrichtung zuverlässig bezahlt. So war es ihnen recht.

Inzwischen hatte sich Werner von Siemens auf seinem Land ein feines Anwesen, ein kleines Schlösschen auf einer niedrigen Anhöhe mit einem Park rundherum, ausbauen lassen und verbrachte dort still und unauffällig seinen Lebensabend. Wenn er hin und wieder Gäste empfing, bis tief in die Nacht Bewegung in Biesdorf war, störte das niemanden. Unser Bauer legte sich eh zeitig schlafen, denn seiner harrte der nächste anstrengende Arbeitstag.

Der Aderlass

Nachdem sich nun alles zum Guten gewendet hatte, söhnten sich unsere Marzahner gedanklich wieder mit ihrem Kaiser aus. Noch immer hatte er mit seiner klugen Draufsicht auf die Dinge unser Dorf gerettet, meinten sie. So sollte es allzeit bleiben. Das eine war die Berieselung ihrer Felder, was sie letztendlich und dann umso stärker für ihren Kaiser einnahm. Das andere war das fürstliche Erbfolgegesetz, dem unsere Bauern freimütig nachkamen.

Denn dieses Erbfolgegesetz, wonach stets nur ein Sohn den elterlichen Hof übernehmen durfte und alle anderen Söhnen leer ausgingen, war in seiner Logik unbestechlich. Es machte nämlich ökonomisch absolut keinen Sinn, einen Hof über Generationen immer wieder auf mehrere Erben aufzuteilen, weil Gewinn oder Verlust der bäuerlichen Wirtschaft an eine bestimmte Flächengröße gebunden sind. Es erbte also immer nur ein Sohn, während sich alle anderen in der Weltgeschichte zerstreuten. Freilich hätten sie auch daheim bleiben und sich auf dem Hof ihrer Eltern oder in der Nachbarschaft verdingen können. Aber auf Knechtschaft war unser Marzahner Jüngling niemals aus. Er war als Patriarch aufgewachsen, erzogen und bestärkt, sodass sein bäuerliches Vollblut keinerlei Untertanenverhältnis zuließ. Knecht wurde nur einer, der keinen Mumm in den Knochen und keinen Grips im Kopf hatte. Knecht hieß Versager, Pantoffelheld oder was auch immer, jedenfalls nicht Bauer. Insofern sonderte sich ein Marzahner Junge, kaum dass er das siebzehnte oder achtzehnte Lebensjahr erreicht hatte, von den Seinen ab, nahm sein Zeug und verschwand, zumeist auf Nimmerwiedersehen. Dabei fehlte es ihm nie an Herzenswärme und Arbeit wäre daheim auch ausreichend gewesen. Nur diesen Kummer und dieses Leid schluckte unser Bauernsohn tapfer runter. Er ging mit einem weinenden und einem lachende Auge.

Die Daheimgebliebenen fügten sich genauso ergeben, hoffnungsfroh und heimlich weinend in dieses Arrangement. Denn wo nur ein erwachsener Sohn, manchmal ein zweiter als Reservekandidat auf dem Hof schaffen durfte, gründete sich die selbständige Bauernwirtschaft vornehmlich auf Frauen- und Kinderarbeit. Und dass die weder Zeit noch die Kraft zum Jammern und Klagen hatten, kann sich jeder vorstellen. Dazu braucht es nicht viel Fantasie. Diese Frauen und die Kinder umschwärmten dann auch ihren Patriarchen, der selbst niemals faul sein durfte, kräftig mit zupacken musste und gesamte Last der Verantwortung trug, wie die Arbeitsbienen ihre Königin, und bekräftigten mehr oder minder froh ihr versöhnliches Bild von den Verhältnissen und ihrem Kaiser.

Unsere Marzahner ahnten nicht, nicht einmal ansatzweise, welch perfider Plan hinter dem Erbfolgegesetz steckte: Mit der Aufhebung der Leibeigenschaft Anfang bis Mitte des 19. Jahrhunderts, als die Monarchie nicht mehr ungestraft und unbegrenzt auf die Bauern für alle möglichen Dienste zurückgreifen konnte, führte sie dieses Erbfolgegesetz ein und manipulierte die Arbeitsplatzwahl weiterhin nach eigenem Gutdünken und mit Gottesgnaden. Die christliche Heilslehre trug nicht unwesentlich zur Verbreitung des patriarchalischen Weltbildes bei. Die nunmehr freigewordenen Bauernsöhne waren gezwungen, sich anderweitig umzusehen: in der Industrie oder in der Armee.

Sich in der aufblühenden Industrie unter die elenden Hunderttausend zu mischen, kam für unseren Bauernsohn überhaupt nicht in Frage. Ein angehender Bauer braucht Acker unter seinen Füßen. Etwas anderes zog er gleich gar nicht in Betracht. Das Naheliegende war freilich, in der hiesigen Gegend irgendwo Fläche zu kaufen, und sich einen eigenen Hof aufzubauen. Der Gründung neuer Wirtschaften stand nach der Aufhebung der Leibeigenschaft und der damit verbundenen Einführung der Gewerbefreiheit formaljuristisch nichts mehr im Wege, zumal es Brachen zuhauf gab. Und einige Jungunternehmer hatten sich auf dem verödeten Land dann auch hier und da versucht. Nur das Land warf nie so viel ab, als dass der Landwirt hätte seine Schulden beim Kreditinstitut in absehbarer Zeit bezahlen können, Steuern entrichten und von dem Rest auch noch leben können. Ergo steckte er nach kurzer Zeit wieder auf, verkrümelte sich klammheimlich, wanderte in den Knast oder fristete irgendwo ein erbärmliches Leben. Der Beispiele gab es genug. Auf so ein Risiko ließ sich unsere Marzahner Jugend nicht ein. Die gab ein recht eigenwilliges und selbstsicheres Völkchen.

Viel eher suchten sie ihr Glück in der Fremde. Auswandern stellte die lebendige Alternative des 19. Jahrhunderts dar. Nur war halt die Passage in die Neue Welt genauso teuer wie der eigene Hof hierzulande, mit unglaublichen bürokratischen Hürden verbunden und die Ankunft in der Freiheit so ungewiss und undurchsichtig wie eine Erzählung aus „Tausend und einer Nacht".

Das lehnten unsere Marzahner ebenfalls ab. Mögen sich andere auf solche Abenteuer einlassen, dachten sie, und entschieden sich dagegen. Letztendlich bot ihnen nur die kaiserliche Armee jenen Sprung ins Glück, der sowohl machbar als auch realistisch erschien und vor allem nichts kostete. Überall auf der Welt mischte der deutsche Kaiser mit seinen Truppen mit und versprach seinen tapferen Rekruten fantastischen Lohn. Das lockte unsere Marzahner am ehesten.

Sie wussten nichts von dem Gemetzel auf den Schlachtfeldern. Woher auch? Briefe wurden sehr selten geschrieben und noch viel seltener befördert. Manchmal kamen einige Offiziere nach Hause zurück, aber was die erzählten, war eitel Sonnenschein. Zwar wurden unsere Bauernsöhne keine Offiziere, wie ihnen die höheren Bildungsanstalten stets verschlossen blieben, aber die kurzweiligen und leichtfüßigen Reiseberichte der Eroberer in den bunten Blättchen und Groschenromanen erreichten unser Dorf sehr wohl. Diese illustre Propaganda stammte nie aus erster Hand. Ein kleiner Rekrut kam dort nicht zu Wort, wiewohl es dem Leser vorgegaukelt wurde. Die niederen Chargen kehrten auch nie aus dem Krieg zurück, denn auf deren geordnete Rückführung ward kein Gedanke verwendet worden. Wozu auch? Die Kriegsversehrten verreckten an Ort und Stelle und die Überlebenden gaben mit mehr oder minder großem Erfolg die Herrenmenschen in den eroberten Gebieten. Kehrte dann doch mal einer der Unsrigen heim, war er ein stinkreicher Mann geworden oder gab dies zumindest vor und verfestigte die herrlichsten Aussichten. So zogen denn auch unsere Bauernsöhne bereitwillig nach Asien, Afrika und Südamerika aus, um sich ihren eigenen Hof auf freiem Land durch freies Schaffen zu errichten. Ein wenig Tüchtigkeit gehörte selbstverständlich mit dazu. Aber daran sollte es nicht mangeln. Unsere Marzahner hatte sich stets durchgesetzt und bewährt. Da sollte ihnen auch so ein Eroberungsfeldzug gelingen, meinten sie.

Unermüdlich beklagten politisch Aktive wie Bertha von Suttner oder August Bebel den Wahnsinn des Krieges, aber diese Berichte und Botschaften erreichten unsere Bauern, besser gesagt, unsere Bäuerinnen nicht. Sie kannten den Krieg nicht. Sie besuchten keine Versammlungen, sie luden keine Referenten zu sich ein, sie interessierten sich nicht für Politik, sie kamen höchst selten, manche nie, aus unserem Dorf heraus. Dabei waren die Schlachten so sinnlos wie grausam.

Theodor Fontane gab uns mit dieser Ballade ein Beispiel:

> Der Schnee leis' stäubend vom Himmel fällt,
> ein Reiter vor Dschellalabad hält.
> „Wer da!" - „Ein britischer Reitersmann,
> bringe Botschaft aus Afghanistan."
> „Afghanistan." Er sprach so matt.
> Es umdrängt ihn die halbe Stadt,
> Sir Robert Sale, der Kommandant,
> hebt ihn vom Rosse mit eigener Hand.
> Sie führen ins steinerne Wachthaus ihn.
> Sie setzen ihn nieder an den Kamin.
> Wie wärmt ihn das Feuer, wie labt ihn das Licht,
> er atmet hoch auf und dankt und spricht:

„Wir waren dreizehntausend Mann,
von Kabul unser Zug begann,
Soldaten, Führer, Weib und Kind
erstarrt, erschlagen, verraten sind.
Zersprengt ist unser ganzes Heer.
Was lebt, irrt draußen in Nacht umher.
Mir hat ein Gott die Rettung gegönnt.
Seht zu, ob den Rest ihr retten könnt."
Sir Robert stieg auf den Festungswall,
Offiziere, Soldaten folgten ihm all',
Sir Robert sprach: „Der Schnee fällt dicht,
die uns suchen, sie können uns finden nicht.
Sie irren wie Blinde und sind so nah,
so lasst sie's hören, dass wir da,
stimmt an ein Lied von Heimat und Haus,
Trompeter, blast in die Nacht hinaus!"
Da huben sie an und sie wurden's nicht müd',
durch die Nacht klang es Lied um Lied,
erst englische Lieder mit fröhlichem Klang,
dann Hochlandslieder wie Klagegesang.
Sie bliesen die Nacht und über den Tag,
laut, wie nur Liebe rufen mag.
Sie bliesen – es kam die zweite Nacht.
Umsonst, dass ihr ruft, umsonst, dass ihr wacht.
Die hören sollten, sie hörten nicht mehr,
Vernichtet ist das ganze Heer,
Mit dreizehntausend der Zug begann.
Einer kam heim aus Afghanistan.

Unwissend und ergeben bluteten die Unsrigen dann
auch für die drei deutschen Einigungskriege: für den

deutsch-dänischen Krieg 1864, den deutsch-österreichische Krieg 1866 und den deutsch-französische Krieg 1870 bis 1871, bis der deutsche Kaiser gottgleich über allem thronte. Allerdings konnten die Kriegstreiber die Opfer der auf dem europäischen Kontinent geschlagenen Schlachten nicht mehr so einfach verbergen und die Tatsachen kaum mehr vertuschen. Deshalb legten sie großmütig ein Versorgungsprogramm für Kriegsversehrte auf. Sie täuschten mit Gesundheitsreform, Sozialgesetzgebung, Altenfürsorge, Sanierung der Städte und Ausbau behindertengerechter Siedlungen. Da hatten auch unsere Bauern weiterhin ihr versöhnliches Bild von der Welt. Das musste sie erst recht positiv für ihren Kaiser einnehmen. Der und seine Waffenlobbyisten hatten mittlerweile das Volk soweit aufgemästet, dass sie es wieder zur Schlachtbank treiben konnten. Vermittels der seit der Reichsgründung 1871 eingeführten allgemeinen Wehrpflicht griffen sie ungerührt und ungetrübt nach dem Leben der Hunderttausend.

Am 28. Juni 1914 wurde der Thronfolger der ungarischösterreichischen Monarchie ermordet, sein Tod wurde zum idealen Kriegsanlass, am 1. August des Jahres verkündete die Reichsregierung die allgemeine Mobilmachung. Unsere Marzahner schwelgten im deutschnationalen Trubel. Die Mütter und Bräute bügelten das frische Unterzeug, packten den Proviant zusammen, legten auch eine Handvoll Äpfel und das jüngste Familienfoto mit in den Ranzen, die Männer verschnürten ihr Gepäck und zogen auf und davon. Es gab viel Liebe, viele gute Worte und kaum Tränen. In gewisser Weise war es ihnen nämlich sogar recht leicht gemacht, weil der Feldzug gegen die Belgier und anschließend gegen die Franzosen wie ein Spaziergang propagiert wurde, die rasche Erledigung des Feindes praktisch erprobt und theoretisch vorgesehen war. Alle namhaften Persönlichkeiten, Parteisprecher, Medien waren sich da einig. – Die wenigen Ausnahmen wie Karl Liebknecht, Rosa Luxemburg, Leo Jogiches, Julian Marchlewski und Genossen konnten das Ruder nicht rumreißen, wurden verfolgt und schmachteten die meiste Zeit in den kaiserlichen Kasematten.

Tatsächlich war der Krieg nach den ersten vier bis sechs Wochen an der Grenze zwischen Belgien und Frankreich bereits entschieden. Die deutschen Truppen hätten einpacken und nach Hause gehen sollen. Die französischen Republik mit ihrer Geschlossenheit und mit ihrer Rüstung stellte für die Truppen Kaiser Wilhelms einen unüberwindlichen Gegner dar. Der Franzosen Hass gegen die Deutschen, ihre Angst vor deutscher Rache, das niederschmetternde Ergebnis der Pariser Kommune waren von der Bourgeoisie geschickt in nationalistische Kanäle gelenkt worden, sodass die Republik Frankreich erfolgreich Widerstand zu leisten vermochte. Aber der deutsche Kaiser ließ nicht einpacken und heimgehen. Der Kaiser hielt drauf. Wie ein unerzogenes, blindwütiges Kind, den eigenen Untergang durchaus riskierend, sich keinerlei Skrupeln oder Bedenken hingebend, verheizte er die Männer an den stehenden Fronten. Denn auch ein aussichtsloser Krieg ist und bleibt für die Waffenindustrie der ideale Absatzmarkt und für vermeintliche Helden der ideale Tummelplatz. Und alle Regierungen machten mit! Ja freilich, denn der Krieg war nicht nur günstige Gelegenheit schnelles Geld in Hülle und Fülle zu verdienen, der Krieg war genauso Gelegenheit, sich als Imperium neu aufzustellen. So entbrannte der deutsche Eroberungsfeldzug zum Weltkrieg.

Ab dem 20. August 1914 trauerten unsere Marzahner um Hermann Riesenburg, im Februar 1915 traf die Todesnachricht über Alwin Schönnagel ein, Gustav Lenz starb im Mai 1915 und Robert Buchholz folgte im Juni desselben Jahres. Es ging Schlag auf Schlag bis wenige Tage vor Kriegsende. Alle standen in der Blüte ihrer Jahre, keiner war älter als 34, der Jüngste zählte gerade erst 18 Lenze, als ihn die Kugel traf. Mit Fritz Krüger hatten unsere Marzahner am 22. Oktober 1918 sechsundzwanzig Söhne aus ihren nur dreißig Wirtschaften verloren. Sie errichteten ihnen auf dem Dorfanger einen Gedenkstein.

Unsere Marzahner registrierten den vollständigen Verfall ihrer Wirtschaften. Denn im Krieg waren nicht nur all ihre Männer eingezogen worden, sondern sämtliche Zugtiere mussten abgeliefert und der Truppe zur Verfügung gestellt werden. Davon kam keins zurück. Außerdem gab es keinen Treibstoff, geschweige denn Ersatzteile für die technischen Hilfsmittel. Während des Krieges durfte nichts mehr gebaut oder an den Wohnhäusern und Ställen ausgebessert werden, sodass alles verrottet war. Es sah schaurig aus. Am Ende des Krieges standen die Frauen, die Alten und die Kinder mit leeren Händen und förmlich bis auf's Hemd ausgeplündert, buchstäblich unter freiem Himmel da. Alsbald kehrten die ersten Überlebenden heim. Aber die anfängliche Freude und die frohe Stunde des Wiedersehens wich der erschütternden Erkenntnis, dass diese Heimkehrer an Leib und Seele über die Maßen misshandelt und verstümmelt worden waren, zur Arbeit nicht mehr taugten und jeglicher positiven Weltsicht beraubt waren. Da sprang unsere Marzahner das jammernde Elend an. Unsere Bäuerinnen quälten sich auf Knien über die Felder und befruchteten den Boden per Hand. Der Tag war lang, die Arbeit hart und kaum zu bewältigen. Wenn sie dann fix und fertig, völlig ausgelaugt in ihre Stube traten, musste sie sich auch noch das Geplärre und Gemecker ihrer kaputten Kerle anhören. Das war kaum auszuhalten. Natürlich waren die bein- und armamputierten, gesichtslosen, erblindeten, an der Lunge vergifteten und restlos demoralisierten Männer verzweifelt und bemitleidenswert, aber niemand konnte ihnen wirklich helfen. – In diesem Krieg war erstmalig Giftgas in die Tötungsmaschine eingebracht worden, sodass nicht nur die Kugeln, die Bajonette und die Granaten trafen, sondern die Menschen auch völlig unblutig verletzt und gemordet wurden. – Krankenfürsorge, Behindertenhilfe oder gar Renten für Versehrte gab es nicht mehr, denn das alte Staatswesen war zusammengebrochen und sein Kaiser ins Ausland geflohen. Die armen Opfer und ihre Familien waren völlig auf sich gestellt. Und entweder sie rieben sich aneinander auf und verreckten allesamt oder sie arrangierten sich miteinander. Meistens half Gevatter Alkohol ein gutes Stück über den Kummer und all das Elend hinweg. Ein Bauer ist zugleich immer auch ein gewiefter Schnapsbrenner. Doch der Alkohol heilte auch nicht alle Wunden und die bittere Ernüchterung ließ zumeist nicht lange auf sich warten. Am besten waren noch die dran, die Beziehungen zur Psychiatrie in der Klinik „Wuhlgarten" hatten und sich betäubende Medikamente besorgen konnten. Morphium war der Renner jener Jahre, weit verbreitet und beruhigte die Geister.

Allmählich deutete sich vage ein Silberstreif am Horizont an. Der Boden hatte die Saat willig aufgenommen. Es wuchs und gedieh. Wie die Frauen nun über die Felder schauten, rechneten sie sich bereits aus, was dabei herauskommen würde. Wenn das Wetter mitspielte, würden sie von dem Ertrag gut leben können. Obendrein war die Abgabepflicht aufgehoben und sie würden nichts abliefern müssen. Da konnte sie alles für sich behalten und viel bevorraten. Außerdem waren die Preise für Lebensmittel unglaublich gestiegen – die Städter hungerten arg, die Spekulanten bedienten sich schamlos, die Nachkriegskrise hatte sich ausgebreitet –, das würden unsere Bäuerinnen geschickt ausnutzen, dachten sie. Einen Teil der Ernte könnten sie mit größtem Gewinn losschlagen und mit dem Erlös die Wirtschaften allmählich wieder hochbringen, so war der Plan. Nach fünf Jahren des kontinuierlichen Rückgangs zeigte sich das Leben wieder von einer recht erbaulichen Seite.

Doch dann kam es wieder anders als gedacht und der nächste Schlag krachte ihnen ins Genick. Die Felder wurden geplündert. Das hungernde Volk strömte auf's Land, reiste mit der Bahn an oder kam zu Fuß, und bediente sich bei Nacht und Nebel, manchmal sogar am helllichten Tage. Es riss die kaum gereifte Frucht vom Stängel und verschwand damit. Unsere Bäuerinnen behielten nichts oder fast nichts für sich und ihre Kinder. Das Elend nahm weiter zu. Das Sterben in dieser Nachkriegszeit übertraf alles Bisherige. Es mutete wie der reinste Wahnsinn an, weil nicht mal mehr das Landvolk sich selbst ernähren konnte. Von einem sich allmählich verbesserndem Lebensstandard oder etwaiger Arbeitserleichterung konnte es nur träumen. Unsere Bäuerinnen begannen wieder von vorn, bewaffneten sich mit Flegeln und Stöcken, wachten Tag und Nacht am Feldrand, achteten auf jede Regung in und am Ort. Manchmal erwischten sie einen Dieb, schlugen ihn grün und blau, und schickten ihn, derart zum Exempel abrichtet, zu den Seinigen zurück. Aber viel hat es nicht geholfen. Die Masse darbte und schwärmte erneut aus. Die Diebe waren schneller, aufgeweckter, ausgebuffter, einfach hungriger und auch skrupelloser als unsere Bäuerinnen. Ein tiefer Hass zwischen Landvolk und Städtern breitete sich aus. Bald bewirtschafteten sie nur noch Flecken, die sie umzäunen und überblicken konnten. Alles andere lohnte nicht mehr. Viel Fläche blieb brach liegen.

Langsam und bedächtig wanderte unser Priester über den neuen Marzahner Friedhof, der sich inzwischen zum Park gemausert hatte. In der Tiefe des Geländes, in der Stille dieser Gegend schien er die Einsamkeit zu suchen. An einer Stelle blieb er stehen und betrachtete den Grabstein lange. Dann bückte er sich, dann legte er eine kleine Blume ab, dann richtete er sich wieder auf und ging weiter. Unser Friedhofsgärtner beobachtete die Szene. Zuerst wollte er seiner Heiligkeit diensteifrig zur Seite springen. Doch als er dessen vom Leben abgekehrte Miene sah, hielt er sich zurück. Hernach ging auch er zu dem Grab und vergewisserte sich. Auf dem Stein stand geschrieben: „Dem Gedenken der am 12. März 1919 von Freikorps Lüttwitz ermordeten Roten Matrosen Fritz und Albert Gast."

Nun resümierte unser Gärtner, wie Klerus und Kaiser die hehren Wünsche und Lebensziele des kleinen Mannes missbraucht hatten, ihn verschlissen und anschließend verhöhnt, ausgelaugt und ausgelutscht wie eine leere Wurstpelle weggeworfen hatten. Aber an des Kaisers statt stand das Volk. Es erhob sich und setzte sich für bessere Zustände ein. Überall loderten die Aufstände, gründeten sich Räterepubliken: in Bratislava, in Berlin, in München, in Budapest, in Hamburg, in Sofia, in Sankt Petersburg. Die Hunderttausend kehrten die Verhältnisse gänzlich um. Sie jagten die Blutsauger zum Teufel, sie warfen die Falschmünzer zum Tempel hinaus. Da glaubten die Hunderttausend an bessere Zeiten. Aber dann, eins nach dem anderen wurden sie verraten, abgewürgt und niedergeschlagen. Der Opfer gab es Hunderte, wenn nicht gar Tausende. Allein in Russland hielten sich die Bolschewiki. Nur wie lange noch? Unser Gärtner hatte die Geschichte verfolgt und blieb auch dran. Er schwankte zwischen Angst und Hoffnung. Er wusste auch, dass es gänzlich unangebracht, ja gefährlich war, sich mit den Revolutionären ins Vernehmen zu setzen. Zuerst wollte er unseren Pfarrer daraufhin ansprechen, aber er ließ es dann doch sein. Wer weiß, was den Mann antreibt?

Unser Pfarrer kam fast täglich wieder, unser Gärtner beugte sich eifrig über seine Arbeit und beobachtete aus den Augenwinkeln. Erst viel später, nachdem viel Wasser die Spree runtergeflossen war und dieser Grabstein hier geschändet war und man unseren Priester tot in seiner Stube fand, erzählte unser Gärtner ein paar Marzahnern von der Begegnung, weil er meinte, dass man das aufheben müsse.

Der Zuwachs

Mitte der zwanziger Jahre des 20. Jahrhunderts hatten sich im Hintergrund die marodieren Banden, die schwarze Reichswehr und die Freischärlereinheiten zu einem Teil aufgelöst und zu einem anderen Teil waren sie in die reguläre, vom Völkerbund kontrollierte Armee und Polizei übergegangen. Viele Landser landeten auf der Straße. Diese Ehemaligen, einst als halbe Kinder in die Armee des Kaisers gepresst, hatten aber nichts anderes als das Waffenhandwerk gelernt. Sie besaßen nichts und sie konnten nichts. Vom nationalistischen Gedanken getragen, ihrer Nützlichkeit beraubt und geschmäht, zogen junge Männer von Gott und Kaiser betrogen, verzweifelt übers Land und waren bereit, so gut wie alles anzunehmen. Einige von denen strandeten in Marzahn. Das war ein Segen! Abgesehen von der rein menschlichen Seite – ein jeder dürstet nach Zärtlichkeiten und braucht ein wenig emotionale Wärme –, füllten diese Männer die ausgedünnten Reihen fruchtbringend wieder auf. Die jungen Frauen bekannten sich zu den Männern und die Älteren nahmen sie als ihre Söhne an.

Unser Marzahner Priester segnete diese Verbindungen alle ab, denn er war sehr hungrig. Einst vom Kirchenkreis zumindest mit einem knappen Salär unterstützt, mangelte es ihm derweil an allem. Auch die zahlreichen Beerdigungen in den Notzeiten hatten ihm kaum noch was eingebracht. – Die Kirchenfürsten hatten den Rahm abgeschöpft und sich auf ihre Besitzungen zurückgenommen, einige hatten sich wie ihr Kaiser ins Ausland verkrümelt. Um ihre niederen Angestellten und die gottgläubigen Schäfchen kümmerten sie sich nicht mehr. Die konnten zusehen, wie sie zurechtkämen. – Wollte so ein Landpfarrer überleben, musste er beide Augen fest zudrücken. Was da gelogen, gefälscht, umgeschrieben und zusammengebastelt wurde, spottet jeglicher Beschreibung. Unser Pastor beurkundete alles: Todesfälle, Witwenschaft, verwandtschaftliche Verhältnisse, Eheschließungen. Mit diesen Papieren trabten unsere Marzahner zum Standesamt – der Flecken Marzahn war inzwischen nach Berlin eingemeindet und die Verwaltungshoheit übte das Lichtenberger Rathaus aus – und legitimierten ihre neu hinzugekommenen Männer. So kam ein jeder Hof wieder zu seinem Herrn und Haushaltsvorstand. Die Jungen belebten sich, die Alten waren es zufrieden und die Kinder hatten wieder einen Vater. Der Bauernhof begann, seinen Betreiber wieder zu ernähren. Die Kriegsversehrten gewöhnten sich an ihr Schattendasein. Die vom Krieg geschlagenen Wunden heilten zu.

Unsere neuen Haushaltsvorstände gebärdeten sich dann bald wie richtige Herren mit haarsträubenden Allüren. Auf so wundersame Weise zu Besitz gekommen, der geregelten Arbeit seit langem entwöhnt, von Reichtum und Ruhm allzeit träumend, schnappten unsere armseligen Neureichen förmlich über. Nicht Arbeit, sondern Herrschen stand ihnen an und ins Gesicht geschrieben. Sie wussten, wie man ein großes Heer dirigiert, zumindest hatten sie es in der Armee erlebt, am eigenen Leibe bitter erfahren und neidvoll mit angesehen, da wollte nun jeder von ihnen ein großer Mann sein und sich die Finger möglichst nicht schmutzig machen. Ergo schauten sie sich um und sahen nun folgendes: Den meisten Städtern ging es nach wie vor sehr schlecht. Zu Hunderttausenden waren sie von der Wirtschaftskrise, der Inflation und ihrer politische Gesinnung um Lohn und Brot und damit um ihr Heim gebracht. – Die Betriebsräte, jene große Errungenschaft der Novemberrevolution und derweil reformiertes Überbleibsel, segneten in stiller Übereinkunft mit den Unternehmern nach dem missglückten Hamburger Aufstand von 1923 die Entlassung sämtlicher fortschrittlich gesinnten beziehungsweise in der kommunistischen Partei organisierten Arbeiter ab. – Arbeitslos und obdachlos strömten die Massen auf der Suche nach spärlichem Einkommen und einem Dach überm Kopf in die Weichgebiete. In den städtischen Forsten, nahe der kleinen Seen und auf landwirtschaftlichen Brachen steckten sich die Elenden ein Stückchen ab, bauten sich Unterkünfte aus Wellblech, Zeltplanen, Pappe, Holzbrettern, Stroh und Lehm, lebten von der Hand in den Mund und versuchten, dem Boden Frucht abzugewinnen. Kleingartensiedlungen entstanden zuhauf.

Unsere Marzahner entdeckten den sprudelnden Quell. Ringsherum gab es viele Brachen, die man verpachten und Arbeitsvolk hinzugewinnen könne. Sie rührten die Werbetrommel und öffneten ihre Pforten. 300 Neusiedler kamen Mitte der zwanziger Jahre mit diesem ersten Schwung hierher, erhielten südlich des befestigten Dorfes, auf winzigen Parzellen Wohnrecht, zahlten etwas Pacht und verstärkten das Arbeitskräftearsenal. Die Arbeiter, vornehmlich die Arbeiterinnen und deren halbwüchsige

Kinder – ausgewachsene Männer gab es infolge des Krieges und der anschließenden Kämpfe in dieser Generation auch unter den Städtern nur wenige – waren anstellig und fleißig. Alsbald entwickelten sich die Bauernhöfe und die Kleingärten zu regelrechten Musterwirtschaften. Unsere Gegend blühte auf und stellte fortan wieder den Garten Eden auf dem Barnim dar, was auch unseren Pfarrer freute, denn der Zuwachs tat dem Opferstock gut und beförderte nun sein Wohlleben. Wobei dieser Geldfluss vornehmlich von unseren Bauern stammte und viel weniger von den Kleingärtnern kam. Denn die Zugezogenen hatten nach wie vor nichts im Überfluss und waren zumeist schon Atheisten, während sich unsere Marzahner Bauern was Besseres dünkten, innerlich und äußerlich zusammenrückten, priesterlichen Beistand immer öfter suchten und sich gern mit der Aura von Geistigkeit, Milde und Großmut umgaben.

Recht bald bemerkten unsere Neuen, was unsere Bauern mit ihnen vorhatten, was sie von ihnen hielten und wie sie sich auf ihre Kosten gesundstoßen wollten. Zuerst ging es um die Nahrungsmittel. So ein Kleingarten auf fünfhundert oder sechshundert Quadratmetern Land wirft nicht genug ab, um ganzjährig eine drei- oder vierköpfige Familie zu ernähren, zumal der Winter hart und lang ist. Unsere Neusiedler mussten hinzukaufen. Aber unsere Bauern riefen unverschämte Preise auf. Da zogen unsere Neusiedler ihre Konsum-Genossenschaft heran. – Die Konsumgenossenschaft war eine starke Organisation, kaufte große Chargen zu günstigen Preisen und versorgte ihre Mitglieder relativ stabil. Freilich konnte ihr Sortiment nicht so frisch und hochwertig wie die Angebote der Bauern vor Ort sein, aber wer hungert, schaut nicht auf Qualität. Der ist froh, wenn er überhaupt was in den Magen bekommt. – In der Gartensiedlung Marzahn eröffneten sie ihren eigenen Laden und bezogen ihre Nahrungsmittel von der Genossenschaft. Unsere Bauern machten lange Gesichter und schnaubten wild. Aber das nutzte ihnen nichts. Unsere Neuen blieben unter sich. Und schon lenkte der eine oder andere unserer Bauern ein, gab ab, was er abzugeben vermochte, zunächst heimlich, denn er hatte bei Seinesgleichen einen Ruf zu verlieren. Aber allmählich kamen all unsere Bauernherrschaften zu sich und gewöhnten sich an moderate Handelsbeziehungen.

Kaum war die Versorgung mit Nahrungsmitteln gesichert, opponierten unsere Neusiedler gegen die schier ausufernde Arbeitszeit. – In zähem Kampf hatten die Arbeiter den Acht-Stunden-Tag durchgesetzt. Das war auch so ins bürgerliche Gesetzbuch aufgenommen und in den Großbetrieben der Industrie flächendeckend Wirklichkeit geworden. – Auf dem Dorfe galten andere Regeln. Man schuftete von Sonnenaufgang bis Sonnenuntergang und in der Saison jeden Tag. Und in der Tat waren im bürgerlichen Gesetzbuch Landarbeiter und Hausdiener ausdrücklich von der humanen Arbeitszeitreglung ausgenommen. Seinerzeit arbeiteten zwanzig Prozent der Bevölkerung juristisch abgefedert unter sklavischen Bedingungen. Selbst die Leibesstrafe wurde an den Hausdienern, vornehmlich an den minderjährigen Dienerinnen noch vollzogen und vom Gesetzgeber nicht mal in Frage gestellt, geschweige denn geahndet. – Übrigens die Gesindeordnung, wie sich die passenden Bestimmungen nannten, wurde in der

Sowjetischen Besatzungszone mit Eintreffen der Roten Armee außer Kraft gesetzt, in den westlichen Zonen beziehungsweise in der Bundesrepublik Deutschland galt sie durchgängig bis 1968.

Eine derartig schamlose Ausbeutung und Behandlung wollten unsere Neusiedler weder dulden noch mitmachen. Freilich kapierten sie, dass man eine Pflanze oder ein Tier nicht wie eine Maschine abschalten kann. Die Arbeit musste termingerecht und ganz nach dem Werden und Wachsen der Natur erledigt werden. Aber ohne Überstunden- und Feiertagszuschläge, ohne Freizeitausgleich ließen sich unsere nunmehrigen Landarbeiter nicht mehr zur Arbeit heranziehen. Sie traten in Streik, verschränkten die Arme und taten keinen Handschlag mehr. Unsere Bauern legten Hand an und versuchten zu retten, was zu retten sei. Aber viel brachten sie nicht zuwege. Es war mehr bestellt worden, als sie allein schaffen konnten. Die meisten Früchte vergammelten auf dem Halm und das Vieh blökte herzzerreißend. Am Ende einigten sich Bauern und Landarbeiter, Landbesitzer und Landlose. Großen Anteil an der friedlichen Einigung hatten unsere Bäuerinnen, die mildernd eingriffen und argumentierten. Unsere neureichen Bauernherrschaften hätten wahrscheinlich noch drauf und rein gehalten. Der eine oder andere hatte noch seinen alten Schießprügel unterm Bette liegen. Ihnen ging es um Macht und Stärke, das Gesicht zu bewahren, und sie glaubten, sich behaupten zu müssen. Aber die Frauen waren vernünftiger und meinten, dass es um den Hof ginge, wie sie der Idee vom Hof stets und ständig alles unterordneten und sich in jedes Arrangement fügten. Und sie gaben vor, mit den Landarbeitern noch immer gut zurechtgekommen zu sein. Worin wahrscheinlich auch ein Fünkchen Wahrheit lag, denn die gemeinsame Arbeit verbindet mehr, als sie trennt. So ließen sie schließlich von dem Streit ab und einigten sich.

Den Zugewinn an Freizeit und Geld verschleuderten unsere Marzahner Landarbeiter nicht. Sie legten zusammen und bauten den Laden in ihrer Siedlung zum Gemeindehaus aus. Das brauchten sie als Kinderhort, wo die Jüngsten während der Arbeit ihrer Mütter von gemeinschaftlich unterhaltenen Betreuerinnen behütet werden und die Älteren sinnvolle Beschäftigung finden sollten. Die altehrwürdige Marzahner Schule, wo unser Pfarrer inzwischen das Sagen übernommen hatte und die Bauernkinder über Gebühr bevorzugte, genügte dem Landarbeiternachwuchs nicht.

Für Hausaufgabenzeit und den Nachhilfeunterricht gewannen sie einen sehr jungen, geistig beweglichen Mann. Der lebte seine pädagogischen Neigungen dann auch voll aus und erfreute sich größter Beliebtheit. Er unternahm mit seinen Zöglingen Ausflüge in die Stadt, organisierte Wanderungen in die Natur und unterwies sie im Modellbau, sodass sie mehr als nur Rechnen, Schreiben und Beten lernten und sich auch als vollwertige Menschen fühlen konnten. Eigentlich hatte dieser junge Mensch nämlich ordentlicher Lehrer in einem der offiziell zugelassenen Bildungsinstitute werden wollen. Aber Ausbildung und Abschluss in einem Lehrerbildungsseminar erhielt nur, wer kräftig zahlen konnte oder Beziehungen zur Kirche hatte. Unser Freizeitpädagoge verfügte weder über das eine noch über das andere. So blieb er, was er war: arm, fürsorglich und umsichtig. Für unsere Landarbeiterkinder war er der Hauptgewinn.

Mit dem Gemeindehaus erweiterten sie das kulturelle Angebot auf dem Dorfe. Besonders die Jugend zog es dorthin, wo regelmäßig musiziert, getanzt und gelacht wurde, wo man Wissenswertes mitbekam und wo auch ab und an ein Film gezeigt wurde. – Das Kino war längst weit verbreitet, nur auf dem Dorf noch nicht angekommen. – Mit unseren Neusiedlern, ihren geschickten Händen und ihren fantasievollen Köpfen kam es nun auch nach Marzahn. Das zog auch unsere bäuerliche Jugend an. Selten wurden die Schnulzen der modernen Filmindustrie, für die horrende Leihgebühren aufgebracht werden mussten, gezeigt. Es gab „Kuhle Wampe", „Panzerkreuzer Potemkin" und „Oktober". Diese Filme klärten auf und entflammten die Herzen. In der kleinen Bibliothek fanden sich Bücher, die eine Welt eröffneten, von der bislang so mancher annahm, dass es sie gar nicht gäbe. Reisebeschreibungen, Erzählungen und Romane von Schriftstellern, die von den wirklichen Weltereignissen und aus der Sicht des kleinen Mannes berichteten: die Amerikaner Theodore Dreiser und John Reed, die Deutschen Egon Erwin Kisch, Hedda Zinner, Anna Seghers, F. C. Weißkopf, der Russe Maxim Gorki und viele andere mehr. So manch hitzige Diskussion in dem engen Lesezimmer ging bis weit nach Mitternacht, skizzierten den Weg in den längst fälligen Kommunismus und begeisterte für die junge Sowjetunion.

Diese ganze Entwicklung konnte einigen unserer Bauernherrschaften nicht gefallen. Sie fanden sich einfach nicht ab. Sie bangten auch um ihr Land, um ihre Pfründe, um ihre vermeintlichen Vorrechte. Zwar besaßen auch sie nur relativ kleine Äcker – keiner hatte mehr als zwanzig, dreißig Hektar Land –, mussten überall selbst mit Hand anlegen, durften weder faul noch sonderlich verschwenderisch sein, aber sie strebten dennoch nach mehr Besitz, mehr Ansehen und mehr Geld. Das juckte die Übrigen kaum, denn sie hielten fest zusammen und waren sich einig.

Mittlerweile war unsere Gemeinde Marzahn viel größer geworden. Ende der zwanziger Jahre lebten hier ungefähr 3200 Menschen. Der Zuzug aus der Stadt hielt unvermindert an. Denn die Regierung wälzte die Kriegsschulden unverblümt und unangefochten auf das Volk ab. Unsummen mussten an die beschädigten Länder, außer an Sowjetrussland, gezahlt werden. Obendrein führte der deutsche Staat unglaubliche Summen an die im Ausland sitzenden Fürsten ab. Die hatten den konsolidierten bürgerlichen Staat auf Abfindung verklagt und waren damit durchgekommen, sodass für die Fürstenabfindung weitere Vermögen aus dem Steuersäckel aufgebracht werden mussten. Während sich die Reichen und Schönen an den Sonnenstränden der Riviera aalten und Millionen in den Spielkasinos Monacos verzockten, blieb für die hiesige Arbeitslosenhilfe, für Arbeitsbeschaffungsprogramme und für Sozialfürsorge kaum etwas. Und obgleich die Automobil- und die Flugzeugindustrie mit amerikanischer Finanzhilfe wieder am Aufblühen begriffen war, darbten, hungerten die Hunderttausend und waren um ihre kleinen bürgerlichen Existenzen gebracht. Mit verletzender Überheblichkeit beschreibt die bürgerliche Historiografie diese Zeit als die „Goldenen Zwanziger", was kaum auf ein Zehntel der deutschen Bevölkerung zutraf. Die große

Menge war fürchterlich arm und erholte sich von den Nachwirkungen des Krieges nicht. Künstler, Ärzte, städtische Angestellte, kleine Handwerker verloren ihr Heim und zogen auf Gartengrundstückchen in und um Marzahn herum. Und sie hätten hier wohl kaum überlebt, wenn ihnen nicht die bereits sesshaft gewordenen Siedler unter die Arme gegriffen hätten. So hielt diese Masse auch in der Folge gut zusammen, stand einander bei und war sich in allen wichtigen Fragen einig. Insofern wäre es auch den wenigen Abseits stehenden Bauern ein Leichtes gewesen, sich dort frohsinnig und tolerant einzufügen. Aber nein! Sie tüftelten weiter an ihrem Plan, diese Gemeinschaft fest an ihre Kandare zu nehmen und ihr den rebellischen Sinn auszutreiben.

Restauration

Schon meldete sich aus der Ferne ein Despot, wie er im Buche steht: Adolf Hitler – ein verhinderter Heerführer, ein Revanchist, ein Mann nach der Fasson einiger unserer Bauern. Sie hörten seine Reden, sie identifizierten sich mit seinen Zielen und gründeten im Jahr 1929 in unserem Marzahn ihre Ortsgruppe der Nationalsozialistischen Partei Deutschlands. Sie entwickelten ein Parallelprogramm zur traditionellen Arbeiterbewegung und übernahmen deren Forderungen, freilich in verkürzter Form und nur den Buchstaben nach: Unfähigkeit der aktuellen Regierung, Ungerechtigkeit, Armut und Hunger – alles Missstände, die nach wie vor existierten und der Menschen Lebensqualität, ihr Fortkommen und ihre Gesundheit beeinträchtigten. Und gerade die Kürze ihrer Forderungen, dieses Phrasenhafte überzeugte am ehesten. Denn niemand mag ewig nur diskutieren, debattieren, sich immer wieder fügen müssen und auf günstige Gelegenheit warten. Die Entschlusskraft der Marzahner Faschisten imponierte und entzündete wie ein Funke den Flächenbrand. Mit ihren Argumenten kamen sie an und begeisterten in erster Linie unsere mittlerweile herangewachsenen Söhne in der unmittelbaren Nachbarschaft. Am meisten zog das Wort vom Lebensraum. Augenscheinlich drängten sich auch in unserem Dorf derweil viel zu viele Menschen. Weil nun aber nach wie vor immer nur einer aus der Familie erben konnte, der andere Sohn leer ausginge und in ihren Adern bäuerliches Blut flösse und in ihren Köpfen bäuerliche

Lebensansichten kreisen, waren die Faschisten willkommen, denn die zeigten eine hübsche Alternative: Freies Land, gute, fruchtbare Erde läge zu Tausenden Hektar ungenutzt oder völlig zweckentfremdet in den Weiten des Ostens, erklärten sie, wo man nur zugreifen müsse. Das Schlimmste war, dass die Propagandisten selber an diesen Schwachsinn glaubten und deshalb so überzeugend herüberkamen.

Die Argumentation fruchtete und unsere Bauernsöhne wurden eine starke Stütze der Partei Hitlers, trugen die braune Uniform, stolzierten wie die Gockel herum, mimten die Besserwisser und scheuten sich auch nicht, hin und wieder mit unseren Kleingärtnern eine kräftige Keilerei anzufangen. Zwar gingen sie noch nicht ganz so feindselig und so gewalttätig vor, wie es später werden sollte, aber im Suff und in der Kneipe, wo sich allabendlich die hartnäckigen Trinker trafen, kam es dann schon mal zu einer handfesten Prügelei, wobei sie unserem Schankwirt die gesamte Einrichtung demolierten. Der Wirt räumte hernach ergeben auf, schließlich lebte er von den Gästen, er war auf Zuspruch angewiesen, um anderntags die mehr oder minder spendablen Bauern und Kleingärtner erneut zu bedienen, bis die sich wieder hochgeschaukelt hatten und sich wieder in den Haaren lagen.

Alsbald trat auch der faschistische Chefideologe Joseph Goebbels in Marzahn auf. Er kam mehrfach. Selbstverständlich trug er in geordneter und anständiger Atmosphäre vor und legte seine Köder aus. Da revidierten dann auch viele unserer vom Leben abgehängten Handwerker, Künstler und Intellektuellen ihr Verhältnis zu den Kommunisten. Vielmehr liebäugelten sie fortan mit einer eigenen Wirtschaft – notfalls in den Weiten des Ostens! So ein kleines Häuschen auf dem eigenen Geviert und dazu ein blühender Garten und mehr noch eventuell ein kleiner Laden, eine Werkstatt mit Verkaufsfläche oder ein Atelier mit einem gutbesuchten Ausstellungsraum, und obenauf eine Handvoll eigener Bediensteter, die man ein bisschen kommandieren und herumschubsen könne, das sah doch alles recht verheißungsvoll aus.

Der Faschismus war keine spezifisch deutsche Erscheinung und keine herausragende Spielart im Abstiegskampf des untergehenden Kapitalismus. Der Faschismus war international, weltweit von den Kapitalisten im Kampf gegen den Kommunismus hochgerüstet worden und beförderte all die Schrecken, die das Ancien Régime schon immer dann aufbrachte, wenn es um seinen Machterhalt ging. Keine der überlebten Klassen trat jemals freiwillig ab. Und jede dieser Klassen krönte ihren Abgang mit fürchterlichem Terror. Sie schlug die Tür der Weltgeschichte krachend zu. Wir sahen es oben am ausgehenden Mittelalter und am Umgang mit der Pest, wir sahen den Schlussakkord des deutschen Kaiserreiches und wir sehen es heute am Niedergang des vereinigten kapitalistischen Europas. Was so widersinnig, wahnsinnig und dumm erscheint, liegt in der Natur des Todkranken, der sich mit aller Kraft gegen sein Sterben stemmt und in seiner Ohnmacht alles mit sich reißt.

Der Demagoge, Adolf Hitler, wird heutzutage als elendes Großmaul und lächerlicher Lügenbaron präsentiert. Aber so war er nicht. Das Gift kam schleichend daher, verfügte über Charme und Esprit. Am Anfang mag

Adolf Hitler ein ungehobelter Klotz gewesen sein und an seinem Ende ein blödsinniger Schreihals, aber in seiner Hoch-Zeit, als ihn die tonangebenden und federführenden Unternehmer für sich entdeckt, für ihre Zwecke ausstaffiert und abgerichtet hatten, gab er den begnadeten Rhetoriker, einen, der sein Publikum für sich einzunehmen und für die Sache zu begeistern wusste. Er war der rechte Mann, eine aufgeklärte, kampferprobte Arbeiterklasse und eine umsichtig wirtschaftende Bauernschaft ins Fahrwasser der Restauratoren zu lenken. Er fing die Menschen nicht mit plumper Anmache, mit abschreckenden Beispielen und ausschließlich mit Terror. Er bot ihnen viel, sehr viel, um sie in den Völkermord hineinzuziehen. Die Mittel, die er freischaufelte, das Wirtschaftswachstum, das er ankurbelte, die Arbeitslosigkeit, die er beseitigte, waren nicht nur Scheinsiege, die waren real und schlugen positiv zu Buche. Damit überzeugte er jedermann. So sah denn jedermann diesen atemraubenden Aufstieg und beteiligte sich gern. Besonders die Jugend war davon angetan.

Nun könnte man die Dinge so laufen lassen, wie sie halt sind, denn sterben müssen wir schließlich alle mal und eine jede gealterte Gesellschaftsordnung hat noch immer in ihren Schoße die neue hervorgebracht und diese neue brachte dann mehr Segen als Verdruss über die Menschheit. Nur hat der Mensch gegenüber allen anderen Lebewesen nicht nur den Vorteil, seine eigenen Lebensbedingungen sich selbst zu schaffen und seine Lebensmittel vorausschauend zu produzieren, sondern er besitzt leider auch die Fähigkeit zu seiner eigenen vollständigen Vernichtung. Was kein Tier außer ihm fertigbringt, nämlich sich selbst zu erniedrigen und seine Art auszurotten, bringt der Mensch fertig. Insofern kämpfen die Kommunisten nicht für sich, nicht um ihres persönlichen Vorteils willen. Sie kämpfen für alle, auch für die, die nicht begreifen können oder wollen. Denn den Kommunisten liegt der Fortbestand der Menschheit, das Glück der niedrigen und geknechteten Hunderttausend am Herzen. Längst ward ihnen ins Stammbuch geschrieben: „… dass nie eine Mutter mehr ihren Sohn beweint."

Der brennende Reichstag im Februar 1933 gab das Zeichen zum Losschlagen. In Marzahn zerstörten unsere braun eingefärbten Bauern und Kleingärtner das Gemeindehaus in der Laubensiedlung, nahmen die Kommunisten und deren Sympathisanten fest, schleiften einige zu Tode und verschleppten den Rest ins Konzentrationslager. Den Arzt Philipp Rosenthal zerrten sie aus seinem winzigen Haus, über den Kiesweg, vor die Siedlung, zwangen ihn auf die Knie, stießen seinen Kopf in eine Pfütze, rissen seine Kleider in Fetzen, übergossen ihn mit Petroleum und zündeten ihn an. Der Mann starb an Ort und Stelle. Die schockierte Menge schaute zu. Johlend, grölend zogen die Faschisten ab und feierten ihren Sieg in der Schänke. – Still und heimlich trugen ein paar unserer Marzahner den verkohlten Leichnam zum Friedhof hin und setzten ihn anonym bei. Nachdem das Unfassbare geschehen war, unterdrückten die meisten ihr Mitgefühl und ihre Wahrheitsliebe, ihre Menschlichkeit und verstrickten sich in tiefes Schweigen. Und ein jeder wurde sich selbst der Nächste! Bestenfalls dachte der eine oder andere noch an seine engsten Angehörigen.

In diesen Wochen und Monaten war unser Priester der gefragteste Mann im Ort. Denn mit der neuen Kulturordnung und Sozialgesetzgebung des Dritten Reiches waren Abstammungsurkunden nötig. Ein jeder gierte nach lupenrein arischem Blut. Und was nun die seit der Reichsgründung 1871 eingerichteten Standesämter nicht leisten konnten, nämlich den lückenlosen Nachweis über drei, vier oder mehr Generationen, musste die Kirche mit ihren über Jahrhunderte geführten Geburten-, Ehe- und Sterberegistern bringen. Da rückte unser Priester ins Bild und erfreute sich größter Aufmerksamkeit und kritiklosen Zuspruchs. So mancher, der vordem keinen Pfennig für Kollekte übrig hatte, spickte den Mann jetzt mit guten Worten und versprach ihm reichlich Gaben. Abgesehen davon, dass es solch ein Register in Marzahn gar nicht gab, weil sich die Hugenotten nie den Gepflogenheiten der Landeskirche unterwarfen, wäre es unserem Priester zweifelsohne ein Leichtes gewesen, sich hier zu engagieren und einiges für sich herauszuholen. Niemand stellte Stempel und Unterschrift der Kirche in Frage. Aber als unser Priester nun sah, wie sich gerade diejenigen schmierig an ihn wendeten, die vordem den armen Juden gezüchtigt und gemeuchelt hatten, spie er: „Geht dahin, woher ihr gekommen seid und holt euch eure Bescheinigungen von dort", und traf genau den Punkt.

Die ihm jetzt am meisten zu Kreuze krochen, waren jene neureichen, tonangebenden und wortgewaltigen Bauern, denen er vor zehn Jahren schon einmal mit gefälschten Papieren geholfen hatte. Er hob den rechten Arm wie zum Hitler-Gruß, ballte blitzschnell die Faust, ließ den Arm sinken und kehrte sich ab. Die braunen

Bullen tobten wutschnaubend hinaus. Vor dem Gotteshaus rotteten sie sich zusammen und beratschlagten einander. Dann verzogen sie sich in die Schänke, um sich Mut anzutrinken. Ein paar Tage später fand man unseren Priester in seiner Stube. Er war tot. – Genaue Untersuchungen führte niemand durch und für zauberhafte Legenden war es nicht die rechte Zeit. Fakt ist, dass die Landeskirche in Marzahn nie so richtig einen Fuß in die Tür bekam. Genauso sicher ist überliefert, dass die Kirche bei der Verfolgung der Juden eine ganz üble Rolle spielte. Die wenigen Priester, die sich widersetzten, Mahnungen aussprachen, die Ausgegrenzten beschützten und passende Papiere ausfertigten, riskierten alles und überlebten in der Mehrzahl ihren Einsatz nicht. – In Marzahn stand das Gotteshaus eine Weile leer und dann zogen die Faschisten ein, hielten ihren Sonnenwendfeiern und anderes Gedöns in dem Kulttempel ab.

Hernach säuberten die Faschisten die Straßen von allen Asozialen und Elenden, vorgeblich, weil sich ein schönes Bild besser macht und den Deutschen besser zu Gesicht stünde. Wobei es in erster Linie gegen die Kommunisten ging. Die waren zu Hunderten, Tausenden nach dem Reichstagsbrand entwurzelt, um ihr Heim gebracht, wagten sich nicht mehr in ihre Wohnungen, waren in die Illegalität getrieben, suchten neue Verbindungen und waren nun auf der Straße unterwegs, nächtigten in Kellern, in Schuppen und unter Brücken. Die Kommunisten einzufangen und festzusetzen, darum ging es zuerst. Deutsche Werte, deutsche Kultur, was immer das auch heißen mochte, darauf schworen die Faschisten und schmeichelten

dem Spießer ungemein. Sie begründeten ihre Säuberungs-
aktionen mit der Rassentheorie. Fortan galten Streuner,
Juden und Zigeuner als minderwertig, asozial, kriminell,
völkisch fremd.

Der Begriff Zigeuner wird in der Gegenwartsliteratur
kaum mehr benutzt und ist gleichermaßen als Schimpf-
wort verpönt. Wir halten uns dennoch konsequent an den
tradierten Sprachgebrauch. Denn damit stellen wir viel
eher Verständigung her, als uns mit komplizierten Um-
schreibungen und Neuschöpfungen abzugeben und am
Ende mehr Verwirrung als Aufklärung zu stiften. Wir stehen nämlich zu unserer Geschichte! Das Wort Zigeuner
wird uns demzufolge fürderhin begleiten und die leidvol-
len, unauslöschlichen Ereignisse vergangener Zeiten tref-
fend zutage fördern.

Die Verfolgungsgeschichte der Zigeuner ist fast so lang
wie die Verfolgungsgeschichte der Juden, nur halt nicht
so augenfällig wie die der Juden. Es gab nicht so viele
Zigeuner, nur ein paar Zehntausend in ganz Deutschland. Sie waren ab dem 9. Jahrhundert von den indischen
Despoten, die den Buddhismus für sich entdeckt hatten,
vertrieben worden. Übrigens fing auch der Buddhismus
unauffällig und scheinheilig mit vorgeblich gesunder
Lebensweise an. Halbe Vegetarier traten auf den Plan,
heiligten das Rindvieh und verboten den Verzehr seines
Fleisches. Mit ihren Verboten und Geboten ruinierten die
Buddhisten die kleinen Landwirte, deren Höfe und Felder
dann den Großagrariern in die Hände fielen. Ein Teil der
Besitzlosen wanderte aus, suchte sein Glück und sein Aus-
kommen in der Fremde. Das waren die Zigeuner. Sie wanderten weit und kamen genau zu jener Zeit im Abendland

an, als die hiesige Gesellschaft in ihrem Auflösungsmodus begriffen und eine neue Gesellschaftsordnung am Entstehen war. Das Ancien Régime des ausgehenden Mittelalters klammerte sich mit ausgeprägter Xenophobie, primitiver Eigenliebe und übertriebenem Selbstwertgefühl an die überkommenen Verhältnisse, sodass die Zigeuner hierzulande praktisch keinen Fuß in die Tür bekamen. Wenn man so will, waren sie vom Regen in die Traufe gefallen. Sie durften nirgends siedeln, sich nicht mit der einheimischen Bevölkerung vermischen. So zogen sie umher und erheischten ihr Brot mit Bettelei und Diebstahl, was ihrem Ruf obendrein schadete.

Ungeachtet dessen haben die Zigeuner für unsere Landwirtschaft Hervorragendes geleistet. Nachdem nämlich der mitteleuropäische Wald weitestgehend abgeholzt und sein Wildtierbestand im Wesentlichen vernichtet war, brachten die Zigeuner ihre Erfahrungen in die Tierzucht ein. Die Domestikation der Rinder und Pferde hat ihren Ursprung im orientalischen Raum. Deren Spuren sind fast verwischt, wie die meisten Zeugnisse verloren gegangen sind. Zweifelsohne waren jedoch die Zigeuner erstklassige Züchter, Reiter und Fahrer, Großvieh- und Pferdehändler.

Mit der Zeit verlegten sie sich auf Artistik, Singen und Tanzen. Ihr wichtigstes Gewerbe wurde die Schauspielkunst, mit der sie halbwegs legal zurechtkommen sollten, durch die sie einigermaßen anerkannt wurden und worin sie eine hohe Perfektion erreichten. Allerdings waren sie fürderhin auch nur temporär geduldet, nämlich genauso lange, wie sie lachten und tanzten. Sobald sie ihren Lohn oder irgendwelche Rechte einforderten, wurden sie verprügelt, misshandelt, ausgeraubt und fortgejagt. Sie waren praktisch immer vogelfrei, obgleich sie sich freimütig zum Christentum bekannten. Ihr Schicksal blieb die Landstraße, blieb die kleine, klapprige Wagenburg am Rande der Stadt. Wobei dazumal kein Verfolgungsgesetz so gründlich sein konnte, dass nicht doch etliche Zigeuner allmählich unter der einheimischen Bevölkerung ankamen. Sie wurden Handwerker, Arbeiter und Bauern, Maler, Dichter, Lehrer, Forscher, Priester und Rechtsanwälte, suchten und fanden festen Wohnsitz, gesichertes Einkommen. Sie gründeten gemischt-ethnische Familien. – Als die Faschisten die Zigeuner aussortierten, systematisch und mit penibler Genauigkeit, und diese Menschen in Lagern festsetzten, waren sich viele nicht mal mehr bewusst, welchem Stamm ihre Urväter dereinst angehörten oder angeblich angehören sollten.

Gleichermaßen konnten die Faschisten mit ihrem Kultur- und Rassenprogramm den ärmeren Bevölkerungsteil, der vornehmlich von Sozialhilfe lebte, wegsperren und ausrotten. Ungeheurer viele Mittel wurden aus den Sozialkassen auf die Rüstungsindustrie umgelenkt. Während nun auch Arbeitsplätze, Positionen, Anstellungen, die bislang von Nichtariern eingenommen worden waren, frei und neu besetzt wurden und die Arbeitslosigkeit dadurch sichtlich sank. Es war grausam, wie das „Gesetzes zur Bekämpfung von Asozialität und zur Reinhaltung des deutschen Blutes" dann zum Selbstläufer wurde, seine Eigendynamik entwickelte und die verängstigten, aufgehetzten Menschen sich gegenseitig bespitzelten, verfolgten und auslieferten. In den zwanziger Jahren des 20. Jahrhunderts gab es nicht wenige Berater, Vertreter, Künstler, Wissenschaftler, Prostituierte, Glücksritter und Wanderarbeiter, die mal hier mal da nächtigten, unter freiem Himmel schliefen, gelegentlich bei Bekannten und Freunden unterkamen, in Pensionen wohnten, Hotels bevorzugten und aus dem Koffer lebten, weil sie sich einen festen Wohnsitz weder leisten wollten noch konnten. All diese wurden eingefangen und weggesperrt. Und nicht zuletzt sperrten die Faschisten mit den Juden und mit den Zigeunern den Internationalismus aus und ein. Das faschistisches Weltbild ist ein zutiefst nationalistisches, während die Juden und die Zigeuner durch ihr Wanderleben, durch ihre Verfolgungsgeschichte über enorme Sprachkenntnisse und internationale Beziehungen verfügten. Das galt freilich nicht für jeden, aber sein Lebensstil öffnete so manchem Juden oder Zigeuner jene Türen, die dem deutschen Durchschnittsbürger verschlossen bleiben mussten. Damit lief der Juden und Zigeuner Offenheit gegenüber allen Kulturen dem Nationalismus hart zuwider. All diese Andersdenkenden oder irgendwie anders lebenden Menschen fielen unter die Rubrik Zigeuner respektive Asoziale und Kriminelle, wurden aufgegriffen und in Lager gesperrt. Und dazu sperrten die Faschisten deren Familienangehörige ein. Sippenhaftung wurde traurige und traumatisierende Praxis.

Mit zumeist nur ein paar Kleidungsstücken im Gepäck trafen die Zigeuner des Großraums Berlin-Brandenburg ab dem Frühjahr 1936 auf dem Lagergelände in Marzahn ein. Zwischen Bahntrasse und Friedhof hatten unsere Marzahner eine ungefähr eins Komma fünf Hektar große Fläche abgegrenzt und mit einem hohen Zaun versehen. Die meisten Zigeuner wurden zwangsweise hergeschleppt, einige kamen freiwillig – so freiwillig, wie man folgt, wenn einem der Tod angedroht wird. Mit dem zynischen Aufguss vermeintlich alter Tradition waren nicht heizbare Planwagen und Holzhütten aufgestellt, worin die Verfemten nun hausen sollten. Es gab einen einzigen Brunnen und einen Laden mit kümmerlichem Angebot. Das Ganze war gut bewacht und gründlich verwaltet, Ein- und Ausgang streng kontrolliert. Anfänglich war den Insassen noch erlaubt, ihrer regulären Lohnarbeit nachzugehen, wenn sie eine Arbeit nachweisen konnten. Wobei es sich ausschließlich um Produktionsarbeiter und Hausdiener handelte. Missliebige Künstler, Anwälte, Wissenschaftler waren von Anbeginn des Faschismus – immer unter dem Vorwand der Reinigung der deutschen Kultur – ihrer Berufstätigkeit beraubt. Wer keine feste Arbeit hatte, musste drinnen bleiben. Die Kinder durften keine Schule mehr besuchen, mit Lebensmitteln wurden die Menschen äußerst knapp gehalten, medizinische Versorgung gab es nicht. Unsere Marzahner partizipierten insofern von dem Lager, indem sich etliche hier als Aufseher profilierten und den Lebensmittelhandel forcierten. Am Anfang besaßen die Zigeuner noch einiges an Familienschmuck, Bettwäsche und ungebrauchter Kleidung, was sie gegen ein Brot, eine Handvoll Kartoffeln oder etwas Milch eintauschten. Am Zaun und am Eingang wurden die Geschäfte getätigt, bis es nichts mehr zu holen gab. Erst dann sperrten unsere Marzahner das Lager gänzlich ab, reduzierten die Lebensmittelversorgung immer weiter und lieferten die armen Menschen dem Hungertod aus. Ab 1938 begannen sie mit der Deportation der Zigeuner und nahmen sich deren zügige Vernichtung vor. Ein paar Dutzend der Verfemten überlebten das Grauen.

Unseren Marzahnern ging es ab Ende der dreißiger Jahre gut oder zumindest wesentlich besser als vordem. Mit dem Eigentum der Juden und Zigeuner hatten sie ihren eigenen Haushalt aufgestockt, und geordnete, übersichtliche Verhältnisse waren eingetreten. Wer sich an die Regeln hielt, glaubte, nichts befürchten zu müssen. Mit dieser Auffassung waren sich alle einig. Wobei die frühere herzliche Hilfsbereitschaft und Aufgeschlossenheit einer Art kriminellen Kumpanei gewichen war und nur solange hielt, wie jeder sein Scherflein im Trocknen wähnte. Meistens hatten unsere Marzahner satt zu essen und die hervorragende Aussicht, dass in weiter Ferne ein eigener Hof auf sie warte. Sie glaubten ihrem Führer, der sich ihrer angenommen hatte.

Der wirtschaftliche Aufschwung erlaubte fortan auch jenen, die für Landwirtschaft so gar kein Gespür hatten, sich wieder in der Industrie zu verdingen und dort gutes Geld zu verdienen. Tagtäglich pendelten unzählige mit der nahen Bahn zu den Betrieben in Lichtenberg. Arbeit – welche Wohltat nach all den Jahren der Perspektivlosigkeit, der Ungewissheit, der Entsagung und des Hungers. Außerdem lebt der Mensch nicht nur fürs täglich Brot allein. Er möchte sich ordentlich kleiden, sucht nach Feierabend etwas Unterhaltung in gepflegter Atmosphäre, er will sich mit schönen Dingen umgeben und eine aufgeräumte Nachbarschaft haben. Das alles bot Hitlers Partei: Festumzüge, Heimatabende, sportliche Wettkämpfe, Erholungsreisen, Filmvorführungen. In großer Dankbarkeit verneigten sich unsere Marzahner vor ihrem Führer.

Als dann im Jahr 1940 auch noch jenseits der Bahnstation, gleich neben dem Friedhof und dem inzwischen verwaisten Gelände des ehemaligen Zigeunerlagers von dem Großunternehmer Hasse & Wrede eine Fabrik aus dem Boden gestampft wurde, viele unserer Marzahner dort Anstellung fanden, sie mit ihren übermäßig gepriesenen Händen Flugzeugmotoren fertigen durften, gerieten sie vor Begeisterung gänzlich aus dem Häuschen. Die Luftfahrt, die Luftwaffe waren Deutschlands ganzer Stolz, ehern und erhaben, wie Hermann Göring selbst. Hermann Göring, ein hochgewachsener, satter, selbstzufriedener Strahlemann, bekleidete ab 1933 das Amt des Reichsluftfahrministers und vermittelte mit seinem Erscheinungsbild und Worten ein unglaubliches Selbstbewusstsein und Erfolgsaussichten. Unsere Marzahner betrachteten den Faschismus als ihr größtes Glück und kehrten jeden Abend zufrieden von der Arbeit heim.

Die Zigeuner waren fort. Das Lager wurde ab Herbst 1941 mit Fremdarbeitern aus aller Herren Länder neu belegt. Die verstärkten das Arbeitsvolk bei Hasse & Wrede. Unsere Marzahner blickten neidisch drein, weil der Ausländer Versorgung großzügig geregelt zu sein schien. Während sich der einheimische Arbeiter um Wäsche, Heizung und Brot allein und in seiner Freizeit kümmern musste, bedienten sich die Ausländer an ihrer vom staatlichen Lebensmittelfond belieferten Essensausgabe, mussten sie sich um Heizung keine Sorgen machen und ihre Mützen, Jacken, Hosen und Schuhe bezogen sie aus einem großen Kleiderfundus. Dass die Lebensmittel in den Fremdarbeiterlagern mit der Zeit immer knapper wurden, dass die Kleidung von ermordeten Juden stammte, dass die Fremdarbeiter zunehmend ausgegrenzt wurden und wie es gerade ihnen an medizinischer Versorgung fehlte und am Ende an allem mangelte, wussten die meisten nicht, das sahen die deutschen Arbeiter nicht.

Freilich gab es welche, die Zettel an Wände klebten, die Aufrufe schrieben wie „Beendet den Krieg" und „Sieg der Sowjetunion" und die die wirklichen Frontberichte aus Radio London und Radio Moskau leise flüsternd weitergaben. Es gab auch welche, die langsamer arbeiteten und etwas Sand ins Getriebe streuten. Aber das waren die wenigsten. Und diese wenigen wurden entdeckt, verhaftet, abtransportiert, misshandelt, bekamen einen Prozess und wurden in Plötzensee gehenkt. Die Urteile wurden dann veröffentlicht. Das stand in der Zeitung und das schrie es von den Litfaßsäulen herab. In den Schaukästen im Betrieb hingen die Todesurteile aus und jeder konnte sehen und sollte sich danach richten. Das machte die Menschen bange, zumal der Kollege oder die Kollegin früher eigentlich sympathisch, auf der Arbeit fleißig und daheim recht fürsorglich gewesen zu sein schien und ganz allgemein recht zugänglich gewesen war. So machten sich wieder welche Gedanken und Sorgen. Aber das griff nicht, jedenfalls nicht in der Tiefe. Die meisten Deutschen sahen nur, wie der Krieg ihre Söhne verschlang, wie das Elend unter Ihresgleichen zunahm, wie sie sich mehr und mehr einschränken, anstrengen und täglich neue Opfer bringen mussten, denn das lag ja auf der Hand. Und da entluden sie ihren Zorn auf die Ausländer!

Immer öfter denunzierte einer unserer Marzahner seinen Nebenmann, der ein Fremdarbeiter war und den die Aufseher dann öffentlich auspeitschten und ins Konzentrationslager einwiesen. Sie sahen ungerührt und widerspruchslos zu, wie Menschen verprügelt und misshandelt wurden! Das ist glaubhaft von Augenzeugen überliefert worden. Im Konzentrationslager wurde der misshandelte Mensch dann zu Zwangsarbeit angetrieben, mit allen Mitteln ausgesaugt und ausgelaugt und am Ende tatsächlich verheizt. Selbstverständlich war auch das bald kein Geheimnis mehr. Unsere Marzahner sahen darin jedoch und immer stärker werdend eine gerechte Lösung. Sollten sich gerade die Fremdarbeiter im Hinterland ausruhen und dann auch noch querstellen dürfen? Fort war der Saboteur und die Übrigen krempelten die Ärmel auf und ackerten verbissen weiter. Nur besser wurde davon nichts. Die Arbeitsnorm wurde höher und höher geschraubt, die Bewachung und Bespitzelung immer strenger und perfider, der Opfergang wurde immer unerträglicher.

Allmählich wurde unserer Marzahner Borniertheit und Durchhaltewille zum Wahn, bestimmte ihr Denken und Handeln. Rasend schlugen sie in ihrem Unmut und bei ihren diffusen Ängsten auf die Schwächeren ein. Instinktiv fühlten sie sehr wohl, dass hier ein schlimmes Verbrechen geschähe, denn die wenigsten unserer Marzahner waren abgebrühte Mörder und gewissenlos, aber in einer Art pathologischer Aversion gegen alles Fremde, Ungewisse, Unbekannte und weil sie die permanenten Lügen der Nazi-Führung einfach nicht mit ihrer im Grunde geraden, schlichten Lebensauffassung, mit ihrem eigentlich recht sauberen Weltbild in Einklang bringen konnten, waren sie fortan bereit, ihrem Führer blind zu gehorchen und notfalls den Kelch bis zur Neige auszuleeren. So nahm das Unglück seinen Lauf und rasant an Fahrt auf.

Die Apokalypse

Bombenangriffe auf Berlin, immer knapper werdende Lebensmittelzuteilung, immer mehr Arbeit, Ablieferungspflicht aller Gegenstände aus Eisen für die Rüstungsindustrie, Einberufung aller wehrfähigen Männer, Dienstverpflichtung für alle Frauen, Bombennächte, unaufhörlich Todesnachrichten und Meldungen über Rückzugsgefechte – der totale Krieg war ausgebrochen! Was als Friedensmission, als Verteidigung uralter Stammesrechte, als Seegen für den edelsten und besten Teil der Menschheit propagiert und begriffen worden war, kehrte sich nun in sein Gegenteil um. Der Führer und seine Paladine feuerten zum Durchhalten an: „… bis alles in Scherben fällt!" Unsere Fabrikarbeiter, Landarbeiter und Bauern – in der Mehrzahl nur noch sehr Alte, Fußlahme, Herzkranke, Frauen und Kinder – gaben das Letzte.

Anfang April 1945 schloss die Schule in Marzahn, die Kinder waren sich selbst überlassen und einige Halbwüchsige wurden rasch zu Schützen ausgebildet. Die Produktion bei Hasse & Wrede wurde eingestellt, Materialien und Maschinen wurden eiligst verpackt und gen Westen befördert. Einige unserer Marzahner Bauern taten es den Fabrikbesitzern gleich. Sie nagelten rasch ein paar Kisten zusammen, sperrten dort ihre Hühner und das andere Kleinvieh ein. Sie luden Sämereien und Proviant in Kisten und Säcken, Werkzeuge und den übrigen Hausstand auf ihre Fuhrwerke. Sie banden das Großvieh hinten an und zottelten eiligst von dannen. Die Fremdarbeiter wurden zum Schanzen herbeigeholt. Alle verbliebenen Marzahner, die Fremdarbeiter wie die Einheimischen, hoben auf den Feldern Verteidigungsstellungen aus. Dafür mussten einige Dämme auf den Rieselfeldern neuen Schutzwällen weichen, Verbindungsgräben wurden zugeschaufelt und Sperrvorrichtungen zerhackt. Knietief standen die Unsrigen in den Exkrementen, die sich nun überall ausbreiteten und zum Himmel stanken, sämtliche Schuhe, Jacken, Hosen verdreckten und verdarben. Unsere Marzahner merkten nichts mehr oder wollten nichts merken. Sie steckten den Kopf in den Sand, mit Verlaub in die Scheiße.

Und dann rollte die Lawine heran! Der Volkssturm – ein paar alte Männer und Halbwüchsige – hielt die Verteidigungslinie. Alle anderen hockten in ihren Behausungen beziehungsweise in dem Bunker am Bahnhof und zitterten. Stunde um Stunde wogte der Kampf, der eigentlich nur ein Geplänkel war, denn die Kämpfer der Roten Armee schoben sich vorsichtig heran. Der große Sturm, die Schlacht in den Seelower Höhen, lag hinter ihnen, und die Eroberung der Machtzentrale Berlin bedurfte der gewissenhaften Vorbereitung. Außerdem waren die Roten Kämpfer nicht darauf aus, die Bewohner eines kleinen Dorfes zusammenzuschießen und die Bebauung dem Erdboden gleich zu machen. Unsere Verteidiger zielten auf den Kirchturm. – Die Kirchtürme, die hohen Schornsteine und die Wassertürme galten als strategische Orientierungspunkte im flachen Land. Zumeist eilten zwei Rote Kämpfer, ein Navigator und ein Funker, voraus, huschten durch die Front, kletterten auf den Turm, verschafften sich einen Überblick und lotsten ihre Truppe durchs Gelände. Deshalb wurden die Türme vorsorglich von den Faschisten gesprengt. Wo das in der Hatz der letzten Stunden nicht möglich war, oblag es dem Volkssturm, die Türme niederzureißen. Die beiden Roten Aufklärer kamen dabei ums Leben. – Unsere Verteidiger gehorchten dem Befehl der bereits abgezogenen faschistischen Scharfmacher. Sie zielten nun auf den Kirchturm und drückten ab. Ein paar Granaten sausten in den Ort, rissen das Stroh von den Dächern und krepierten in den Höfen. Eine Wand barst, Steine flogen hoch, krachten nieder und im Gehweg klaffte ein Loch. Plötzlich war Ruhe, völlige Ruhe.

Die Greise und Knaben späten über die Wälle und hielten den Atem an. Sie sahen, dass der Kirchturm stand und wie die Wetterfahne langsam schleifend über das Dach rutschte und auf die Erde fiel. Eine Handvoll Roter Kämpfer sauste mit ihrem Kübelwagen in den Ort, stoppte vor der Wirtschaft und sprang ab. Dort stand der Gastwirt auf der Straße vor dem Haus und winkte mit dem Taschentuch. Drei Rote Kämpfer kamen heran. Einer beklopfte des Wirts Schulter und sagte in ungeübtem Deutsch: „Krieg kaputt, Gitler tot." Er strahlte. Der Wirt lächelte auch und steckte das Taschentuch weg. „Du bist der Bürgermeister", bestimmte der Sowjetsoldat. Der Wirt nickte. Mit ausholender Geste zeigte der Soldat über den Ort und befahl: „Aufräumen! Sofort!" Der Wirt straffte sich, schlug die Hacken zusammen und nickte wieder. Der Sowjetsoldat trat zu seinen Leuten und gab ein paar Befehle. Ein paar Rote Kämpfer sammelten die Waffen der Verteidiger ein und schickten die alten Männer und die Knaben nach Hause. Die Rote Armee zog weiter gen Berlin.

Am 7. Mai 1945 unterzeichnete der Beauftragte des Generalstabs der Wehrmacht im französischen Reims die Kapitulation Deutschlands vor den alliierten Westmächten. Vierundzwanzig Stunden später begruben die deutschen Heerführer ihre Hoffnung, den Krieg gegen die Sowjetunion mit westlicher Hilfe zeitnah fortsetzen zu können, weil sie am 8. Mai vor den Vertretern der Roten Armee in Berlin-Karlshorst ihre bedingungslose Kapitulation zugestehen mussten. Der Krieg galt als beendet. Die Gesandten der drei Siegermächte – Vereinigte Staaten von Amerika, Groß Britannien und Union der Sozialistischen Sowjetrepubliken – kamen im Sommer 1945 an einen Tisch und verpflichteten sich gegenseitig zur Entmilitarisierung und zum Wiederaufbau des eroberten Deutschland. Sie teilten das Land in vier Verwaltungszonen ein, bezogen Frankreich, das sich inzwischen ebenfalls Gehör verschafft hatte, als vierte Siegermacht mit ein. In Berlin, als der Hauptstadt, wurde die Verwaltungszentrale eingerichtet. Die Rote Armee räumte in der Stadt ein paar Gebäude und überließ ihren westlichen Bündnispartnern Territorium zum Aufstellen ihrer Schutztruppen.

Wobei zu diesem Zeitpunkt bereits jeder ahnte, dass das Bündnis bröckelig sei, dass sich die Kapitalisten nicht an ihre Versprechen halten würden, dass sie mit aller Macht, mit allen Tricks und allen ihnen zur Verfügung stehenden Mitteln die Verträge unterlaufen und Deutschland für den nächsten Angriff auf die Sowjetunion hochrüsten würden. Der deutsche Faschismus hatte zwar versagt, sich vor aller Welt unmöglich gemacht, aber das Endziel, die Vernichtung der Sowjetunion war nicht erreicht. Da würden künftig andere Mittel greifen müssen, meinten die

Kapitalisten. Der Kampf endete mit einem überragenden, die Weltöffentlichkeit beeindruckenden Sieg für die Rote Armee. So etwas wollten die Unternehmer nicht unkommentiert und unkorrigiert in den Geschichtsbüchern stehen lassen. Das sah so ziemlich jeder. Der Dichter Bertolt Brecht warnte: „Der Schoß ist fruchtbar noch, aus dem dies kroch", und sollte recht behalten. Jeder politisch halbwegs gebildete Mensch brauchte sich nur die Landkarte anzusehen und die aktuellen Nachrichten zu verfolgen, um zu wissen, wie es überall zündelte und welcher Verbrechen das Kapital nach wie vor fähig war: Die Administration der Vereinigten Staaten von Amerika ließ die Atombombe auf Hiroshima und Nagasaki werfen, die französischen Unternehmer setzten ihre Eroberungszüge in Afrika fort und das englische Königshaus und Bourgeoisie legten eine blutige Spur, bevor sie ihre Kolonien aufgaben. Die sowjetische Führung unter Joseph Stalin rang bei den Potsdamer Verhandlungen im August 1945 um ein friedliches Europa, das wenigstens fünfzig Jahre halten sollte. Die Völker waren ausgeblutet. Die Völker brauchten Frieden. Die Völker wollten leben. So hielt der Frieden in Europa dann, immerhin gute vierzig Jahre.

Auf den Siedlungsgrundstückchen in Marzahn blühten die Bäume, trieben an einigen Stellen Salat, Kohl und Zwiebeln aus. Es war bereits Mitte Mai und ersprießlich warm geworden, als ein paar Kommunisten und Sozialdemokraten mit ein paar sowjetischen Soldaten eintrafen. Diese Marzahner hatten zwölf Jahre in faschistischen Kerkern zugebracht, ihre Jugend und Gesundheit geopfert, und kehrten nun klein, grau, krumm und sichtlich gealtert in die Heimat zurück und wollten wieder aufbauen, belehren, den guten Kern zutage fördern. Deshalb trommelten sie die Leute zur Einwohnerversammlung zusammen: Lagebestimmung, Maßnahmen, Erfolgsaussichten standen auf der Tagesordnung. Der Haufen erschütterter, heruntergekommener Menschen schleppte sich zögerlich, mühsam heran. Es waren nicht viele Leute. Viele blieben daheim. Mögen kommen, was da wolle, dachten sie und ergaben sich in ihr Schicksal. Außerdem hatten sich in der Zwischenzeit etliche unserer Marzahner, Fremdarbeiter wie Einheimische, auf Schusters Rappen in Richtung Westen auf den Weg gemacht, weil sie unter den „Russen" nicht leben wollten, in unserem Dorf keine Perspektive mehr sahen, ihr schlechtes Gewissen arg pochte, sie Angst und Vorbehalt gegen die Kommune unvermindert hegten. – Jene Fremdarbeiter, die sich unter deutscher Besatzung freiwillig zum Einsatz in Deutschland gemeldet hatten, ergriffen in der Mehrzahl vor der Roten Armee die Flucht. Andere, die zur Arbeit in Deutschland gezwungen worden waren, kehrten in ihre Herkunftsländer heim. Und wieder welche, die einfach zum Wandern zu müde geworden waren, blieben an Ort und Stelle.

Auf dem Platz vor der Kirche duckte sich der Wirt hinter seinem Vordermann und beobachtete still. Er hatte als Bürgermeister bisher keinen Finger gerührt. Obgleich ihm die Faschisten mehrmals die Einrichtung demoliert hatten, war er ihnen nicht gram, denn unter ihrer Regie durfte er den Lebensmittelobmann machen und teilte sich selbst in der Zeit der größten Dürre das meiste zu. So war er stets bestens versorgt gewesen. Nun hielt er sich lieber zurück. Er wollte also nichts tun, zumal seine Ernennung zum Bürgermeister eine rasche Entscheidung gewesen und nicht publik geworden war. Derweil zeigte einer der Sowjetsoldaten auf ihn und zerrte ihn ans Licht. Der Wirt druckste nichtssagend herum. Nach einigem Hin und Her ward er abgesetzt. Ein Kommunist, jener Mann, den wir bereits als Freizeitpädagogen in der Kleingartensiedlung kennen gelernt hatten, wurde als Bürgermeister gewählt und von der sowjetischen Besatzungsbehörde bestätigt. Wobei es der Menge egal war, wer hier künftig den Chef mimen würde, wo doch nun eh alles verloren und kaputt war. Sie hoben also den Arm und nickten die Entscheidung ab, ohne sich wirklich was dabei zu denken.

Des neuen Bürgermeisters erste Amtshandlung war die Erfassung und Verteilung der Lebensmittelreserven. Er rief alle auf und befragte jeden einzelnen. Einige trugen etwas herbei und gaben es bereitwillig her. Andere sagten, sie hätten nichts oder zu wenig und könnten nicht teilen. Das Gros redete nicht und einige verdrückten sich sogar. Da teilten sich ein paar Deutsche und die Sowjetsoldaten in Trupps auf, durchsuchten die Häuser, Küchen und Speicher, beschlagnahmten, was sie für richtig hielten, und verteilten es möglichst gleichmäßig und gerecht. Es gab Tränen und Rempeleien. Die Bedürftigen gierten nach jedem Bisschen und die anderen hielten ihr Zeug mit Klauen und Zähnen fest. Missgunst und Neid, Ellenbogenfreiheit und Egoismus, Angst vor Hunger und restlosem Untergang herrschten. Es war auch noch tiefer Hass gegen die zurückgebliebenen Fremdarbeiter und unsere Heimkehrer dabei. Was die sich jetzt erdreisteten, hier die Hand aufzuhalten? Wo sie hier doch eh nichts geleistet hätten, so ging die Empörung, die mächtig hoch schwappte. Es wäre wahrscheinlich auch zu Mord und

Totschlag gekommen, hätten die sowjetischen Soldaten nicht Gewehr bei Fuß gestanden.

Einige unserer Marzahner, die das Ganze einfach nicht verkraften konnten und bitter enttäuscht waren, hängten sich in ihrer Stube auf oder schluckten das längst bevorratete Zyankali. Oft, viel zu oft ging nun der Beerdigungszug zum nahen Friedhof an der Bahnstation hin. Dort trafen unsere Marzahner auf Sowjetsoldaten, die ihre toten Gefährten in die Erde legten.

80'000 junge Sowjetbürger hatten bei der Befreiung Berlins ihr Leben gelassen. Überall im Stadtraum und in der nahen Umgebung waren Ehrenfriedhöfe eingerichtet worden. Der verordnete Waffenstillstand wurde jedoch bei weitem nicht sofort und von allen eingehalten und die Ärzte konnten auch keine Wunder tun. Hier und da war bei den Kampfhandlungen einer so schwer verletzt worden, dass er Monate nach dem Krieg verstarb. Wieder welche wurden von marodierenden Banden angefallen beziehungsweise Opfer von Attentaten. So hörte das Sterben unter den sowjetischen Soldaten längst nicht auf. In Marzahn trugen sie nun auch diese Opfer zu Grabe.

Unsere Marzahner sahen diesen Trauerzug. Einige fanden das erschütternd, andere nur gerecht. „Wer nach dem Schwert greift, soll durch das Schwert umkommen!", raunten sie einander zu, glaubten nach wie vor an den blutrünstigen Schwachsinn vom Präventionskrieg eines Adolf Hitler und klammerten sich irrsinnig verzweifelt an Gottes Wort. Dann kehrten sie wieder heim, um den nächsten Toten zu befördern. Das Sterben setzte sich auch unter den Unsrigen fort. Durch den Verlust all ihrer Ideale und durch die Entkräftung bei dem fürchterlichen Nahrungsmangel schmolz unsere Gemeinde auf ein Drittel zusammen.

Mitte August 1945 trafen die ersten Umsiedler aus den dazumal von Deutschen besetzten Gebieten in Marzahn ein. Sie nächtigten im Bunker, bekamen von den sowjetischen Besatzern Lebensmittel und ein wenig medizinische Versorgung von einem deutschen Arzt. – Bei diesem Arzt handelte sich um Otto Hebold, der bis dahin in der Charité tätig gewesen war. Über den Mann wird später noch zu berichten sein. – Unser neuer Bürgermeister und eine Handvoll gleichgesinnter Helfer liefen zwischen den gestrandeten Männern, Frauen und Kindern herum, rangen verzweifelt die Hände, redeten mit Engelszungen und wollten die Umsiedler und Flüchtlinge zum Dableiben bewegen. Es brauchte Arbeitskräfte, es brauchte Menschen, die zupacken, wenn unser Dorf nicht sterben sollte. Aber ihre Worte verhallten zumeist ungehört. Unter den „Russen" wollten die Ankömmlinge nicht leben. Vier Familien konnten die Werber gewinnen. Aber diese Menschen waren erschöpft und ausgelaugt. Traurig sahen sie ihren Gefährten nach, die anderntags in Richtung Sonnenuntergang verschwanden. Sie schleppten sich in unseren Ort hinein, setzten sich in ein verlassenes Haus und blickten stumpf vor sich hin. Sie waren so müde, so unendlich müde, selbst zum Sterben viel zu müde. Nun war unser Marzahn auch ohne nennenswerte Kampfhandlungen restlos ausgebrannt. Die Felder waren durchgewühlt, verdreckt und trugen nicht mehr, die Bevölkerung war dezimiert und demoralisiert. Da halfen auch die besten Beschwörungen und Befehle nichts. Es war aus!

Vom schweren Neubeginn

Anstatt sich zur Ruhe zu setzen, sich aus den verbliebenen Lebensmittellagern zu bedienen oder bedienen zu lassen, krempelten die Sowjetsoldaten die Ärmel auf und packten mit an. Denn die deutsche Bevölkerung darbte, die deutsche Bevölkerung litt, die deutsche Bevölkerung starb den sicheren Hungertod. Nahrung musste her! Aber Nahrung gab es kaum, weil sowohl die Getreideproduktion als auch der Tierbestand extrem zurückgegangen waren. Milch, Eier, Fleisch, tierisches Fett – nichts war in ausreichender Menge vorhanden. Die Rote Armee mobilisierte ihre Flotte, ging in der Ostsee auf Fischfang aus und griff in diesen natürlichen, unverdorbenen Pool. Der Hering, im August schön fett und in riesigen Schwärmen vorhanden, ging ins Netz. Selbstverständlich stellte die große Schwemme unsere Retter augenblicklich vor die nächste ungeheure Herausforderung, denn Fisch muss innerhalb weniger Stunden haltbar und für den Transport aufbereitet werden. Da forderten die Roten Kämpfer die Küstenbewohner zur Mitarbeit auf. Alles, was nur halbwegs sicher auf seinen beiden Beinen stehen konnte, musste ran. Zugleich brauchten sie riesige Mengen Salz. Sie beschlagnahmten die anhaltinischen Salinen und karrten das Salz heran. Im Hintergrund zwangen die Sowjetsoldaten Männer und Frauen an die Bahn und auf die Straßen, um die zerfurchten, zerstörten Wege zu ebnen und die Bahn wieder instandzusetzen. Sie rissen die Bretter aus den Fußböden, sie demontierten die Schuppen, sie sammelten Tische und Schränke ein und fertigten von dem Holz Transportkisten an. Es mutete wie der reinste Vandalismus an. Schnell, schnell! Und immer schneller musste es gehen. Die Sowjetsoldaten schonten sich nicht und trieben die deutschen Handarbeiter und Trümmerfrauen zur Eile an. Denn das Volk hungerte. Das Volk drohte zu sterben. Dem Volk musste geholfen werden. Auf diese zum größten Teil recht unkonventionelle Art legten die Roten Kämpfer den Deutschen Nahrung auf den Tisch.

Im Frühjahr 1946 hatten unsere Marzahner die Kläranlage soweit wieder in Ordnung gebracht, dass sie die systematische Feldarbeit wieder aufnehmen konnten. Ein paar Leute mit fatalistischem, stoischen Gleichmut und Lebenswillen gibt es schließlich immer. Aber es fehlte an ausreichend willigen und kompetenten Bauern. Wozu sich abmühen, wenn dann sowieso wieder alles den Bach runterginge, war die dominierende Meinung, zumal es keine Maschinen und kaum Werkzeug gab und die gemischte Bevölkerung aus gestrandeten Umsiedlern und Flüchtlingen, ehemaligen Fremdarbeitern, Kleingärtnern, Landarbeitern und alteingesessenen Bauern mit ihrem Latein am Ende war. Außerdem lag viel Land herrenlos herum, um das sich niemand mehr kümmern wollte. Träge, stumpf und verbittert blickten unsere Marzahner über die Weite und fanden keinen Anfang. Und viele wären auch fortgegangen, wenn sie Pferd und Wagen und etwas mehr Kraft gehabt hätten, und sie hätten sich so gern dem Amerikaner in der Westzone angedient.

Da setzten sich die paar Kommunisten und die paar Sozialdemokraten, kaum sieben Männer und Frauen an der Zahl, an einen Tisch, gründeten ihre Zelle der Sozialistischen Einheitspartei. „Wenn wir uns zusammenraufen, könnten wir einen Anfang finden", meinten sie, und zerteilten sogleich den Boden in winzige, recht handliche Stücken. „Wer essen will, muss arbeiten. Und wer arbeitet, findet auch wieder zu sich", war die Direktive jener Tage. Als Bodenreform ging ihre Initiative in die Geschichtsbücher ein. Sie fertigten fein säuberlich Eigentumsurkunden aus, nummerierten die Stücken, warfen Lose in einen Topf, gingen reihum und ließen jede Marzahner Familie ein Los ziehen. Nachdem das Land zugeteilt war, drückte unser Bürgermeister jedem seine Papiere in die Hand und beglückwünschte die neuen Landbesitzer. Unsere Marzahner drehten und wendeten die Schriftstücke skeptisch hin und her. Wussten sie doch, wie geduldig Papier sein kann und wie hohl Versprechungen sein können. Die flattrigen Zeugnisse waren wenig überzeugend. Die Initiatoren schubsten unsere frischgebackenen Landbesitzer hinaus und auf die Brachen. Und wie sich nun immer noch nichts tat, legten die tapferen Sieben ihre Jacken ab und arbeiteten sich mit Handgerät über den Acker. Ratlos, schweigend, ungläubig stand die Mehrheit unserer Marzahner herum und wusste sich nicht zu helfen. Endlich bewegten sich einige und andere folgten. Sie liefen ihr Feld ab, sie bückten sich, sie befühlten die Scholle. – Da wehte ein Lied über die nackten Felder. Ein schwermütiges, trauriges Lied.

Es kam von den „Russen" her. Die hatten sich drüben an und im Bunker eingerichtet. Berge von nicht geborstenen Bomben, Granaten, Geschossen aus den Trümmern der nahen Großstadt waren dort aufgeschüttet. Alles, was sich fand und unbrauchbar wie unberechenbar geworden war, wurde nach Marzahn gebracht, abgelegt und einmal in der Woche gesprengt. Unseren Marzahnern zog es die Herzgegend zusammen. Denn ein paar Tage zuvor war ein Kind, ein kleiner Junge von acht Jahren, beim Spielen mit dem Zeug tödlich verletzt worden. Das tote Kind haben sie dann auf dem Friedhof beerdigt. Die Mutter folgte. Sie hatte sich aufgehängt. Dass da niemand dran gedacht hatte! Seither wurde die brenzlige Halde von sowjetischen Soldaten bewacht. Die passten auf. Die grollten sehr, wenn einer dicht ran kam. Die hatten auch Essen und Trinken dabei. Und wenn ein Kind kam, gaben sie ihm etwas weißes Brot. Kinder, weißes Brot! Wann hatten sie zuletzt weißes Brot gesehen? Und die „Russen" hatten welches und konnten es sogar verschenken! Hernach schickten sie das Kind barsch weg. Meistens sangen sie ihre Lieder, dunkle, schwere Melodien. Davon kamen die Angst und die Verbitterung unserer Marzaner. Keiner wusste die Zeichen zu deuten.

Das alles, die Schmach, die Trauer, die Niederlage, die Verzweiflung, und weil sie nicht glauben konnten, dass es je wieder besser werden würde, dass es mal einer gut mit ihnen meinen könnte, dass es ehrlich werden würde und dass jetzt Frieden sein könnte, trieb ihnen die Tränen in die Augen. Sie erschlafften. Sie sanken auf die Knie. Sie konnten nichts dagegen tun. Sie hockten am Boden und weinten und weinten. Sie rangen die Hände zum Himmel und vor der Brust. Sie weinten lange. Sie weinten sich vollkommen leer. Und mit den Tränen floss all ihr Unmut, all ihr Misstrauen und all ihre Kraftlosigkeit ab. Dann rafften sie sich auf, dann sie rissen sich zusammen und wagten das Unglaubliche. Schon packten sie zu, schon ackerten sie wie besessen. Sie befruchteten ihre Mutter Erde und schöpften neue Hoffnungen und neuen Lebensmut. Sie machten aus Nichts etwas Brauchbares, und sie vermehrten das Wenige, das sie hatten.

Saatgut war ebenfalls kaum vorhanden. Und wieder griff die Sowjetunion helfend ein, dabei hatten die Menschen dort doch selbst nichts im Überfluss, und befruchtete deutsche Felder mit ukrainischem Weizen. Es keimte dann auch schön und färbte die Flur grün. Allein, der hiesige Boden auf dem Barnim mochte den Weizen nicht. Er wuchs zwar heran, aber er trug nur spärlich. Das fanden die ewigen Nörgler und Besserwisser gar zu lächerlich. Zum Lachen war unseren Marzahnern schon lange nicht mehr. Sie ernteten, was sich ergab. Es ergab sich leider viel zu wenig, sodass die sowjetische Führung auch in diesem zweiten Nachkriegsjahr wieder tief in die eigene, fast leere Tasche greifen, den Bodensatz an Nahrung herausholen und unseren Marzahnern aushelfen musste.

Im späten Herbst des Jahres 1946 ging es in Marzahn bereits etwas ruhiger, hoffnungsfroher und weniger krampfhaft zu. Die Winterfrucht war ausgebracht, diesmal Roggen, weil Roggen auf dem Barnim einfach besser wuchs und sich vermehren ließ. Unsere Bauern warteten sehnsüchtig auf reichlich Schnee, der alles bis zum Frühjahr schonend zudecken und wärmen würde. Währenddessen sie immer wieder nach den Niederschlägen schauten, kümmerten sie sich um ihre Hauswirtschaft und ackerten in den Ställen. In ihren wenigen Ruhestunden träumten sie von der weißen Pracht und von der Aussicht auf reichlich Ertrag. Doch statt dessen quollen aus den Kanälen die Fäkalien ungebremst über die Felder! In der vorigen Nacht, da unsere Marzahner im Tiefschlaf lagen, hatte jemand die Wehre aufgerissen, etliche Dämme zerstört und damit die Marzahner Flur zu einem erheblichen Teil vergiftet. Und alles war hin! Diesmal war es aber weder die Dusseligkeit oder Blindheit noch die Gutgläubigkeit unserer Bauern, sondern eindeutig ein Verbrechen ersten Ranges.

Ein Verbrechen, das unseren Marzahnern in seiner Größe und Tiefe hart an die Nieren ging. Die Fäkalien mussten zurück in die Auffangbecken und die Ackerflächen müssten mit reichlich Wasser gespült werden. Also war wieder verdammt schwere Handarbeit angesagt, denn die riesigen Pumpenwerke liefen nur mit Strom, den sie eigentlich gar nicht hatten, der nur mit größter Mühe produziert und nach wie vor streng zugeteilt wurde. Wenn sie diesen Strom nunmehr nach Marzahn umlenkten, würde er den Arbeitern in den städtischen Betrieben fehlen, wo die Arbeiter Werkzeuge, Kochtöpfe und Kleider damit machen sollten. Außerdem war der Strom für die große Stadt viel wichtiger, um dort die Straßenbahn fahren zu lassen, die Werkbänke, die Gehwege und die Wohnungen zu beleuchten. Die kaputten Wehre und Dämme in Marzahn hatten also einen Rattenschwanz an Rückschlägen und Einschränkungen nach sich gezogen, die unsere Bauern stocken ließ, weil sie überall nach dem Lebenswichtigsten griffen. Die ausgezehrten Berliner würden wieder zu Fuß zur Arbeit gehen und bei Ölfunzeln werkeln, sie würden wieder wie Schatten durch dunkle Straßen huschen, sie würden daheim wieder bei rußigem Kerzenlicht sitzen und das Essen würde obendrein wieder knapper werden, alles ganz so wie in den ersten Nachkriegswochen. – Und doch anders! Unsere Marzahner empfanden Mitleid. Mitleid und Mitgefühl mit Menschen, die sie persönlich gar nicht kannten.

Unser Bürgermeister, seine Genossen und mehrere bewaffnete Soldaten der Roten Armee klapperten die Höfe ab, verhörten die Bewohner, setzten die Verdächtigen fest und übergaben sie den sowjetischen Behörden. Drei Bauernfamilien schienen den bösen Plan ausgeheckt und ausgeführt zu haben. Nach einigen Wochen kehrten zwei der verdächtigten unversehrt wieder heim und nahmen ihre Arbeit wieder auf. Ein Bauer und seine drei erwachsenen Söhne waren auf Nimmerwiedersehen nach Sibirien befördert worden. Von den beiden Bauernfamilien, die nunmehr rehabilitiert wieder da waren, setzte sich die eine alsbald in den Westen ab. Dabei vergaß sie nicht, den gesamten beweglichen Hausstand mit sich zu nehmen, sodass nur noch die nackten Wände im Haus und im Stall übrig blieben. Die dritte Familie, die erst verdächtigt und dann wieder freigelassen worden war, fügte sich friedfertig ins Geschehen.

Unsere Marzahner reparierten die Kläranlage, besserten die Schäden, so gut es halt ging, aus. Sie konnten die toten Pflanzen freilich nicht wieder beleben, Ausfälle mussten sie hinnehmen und verkraften, auf dem einen Feld etwas mehr, auf dem anderen etwas weniger. Das flog sie gallig an, das schmerzte sie nicht nur in den Eingeweiden, sondern es schmerzte auch seelisch. Ein jeder hatte sich angestrengt, versucht, das Beste rauszuholen, und nun war so viel verdorben. Da warf einer sein Zeug hin und herrschte: „Mit mir nicht! Das werden wir doch sehen!" Er stiefelte ein Stück abseits, stellte sich an den Feldrand und spähte aufmerksam umher. Fünfe, Sechse folgten ihm. Dieser kleine Trupp aufrechter Männer und Frauen schritt Tag und Nacht die Gegend ab, legte sich auf die Lauer, ruhte nie, hielt die Augen offen und klopfte jedem, der seine dreckigen Pfoten nach des Volkes Werk und Eigentum ausstreckte, kräftig auf die Finger.

Nun hatten unsere Marzahner den Boden aufgeteilt, gaben sich alle Mühe, möglichst viel herauszuholen, was ihnen dann auch, jedem auf seinem Stück einigermaßen gelang. Aber eben halt nur einigermaßen, weil etliche unserer neu hinzugekommenen Bauern bis vor wenigen Monaten von Landarbeit noch null Ahnung hatten und sich viel Praxis empirisch aneignen mussten. Der Tag war lang und schwer, zumal sie alles per Hand und mit nur ein paar Geräten bearbeiten mussten. Und draußen lagen noch dazu die nackigen Felder derjenigen, die dann nach und nach in den Westsektor übergesiedelt waren. Und die Felder der Männer und Frauen, die ihr Dorf und ihre Arbeit Tag und Nacht bewachten, gaben auch sehr wenig her, weil kaum einer die Zeit hatte und die Neigung verspürte, sich auch noch darum zu kümmern. Aber Brache und Minderqualität zogen zugleich auch immer fehlendes Brot, Fleisch, Milch, Eier nach sich. Die Städter hungerten. Lebensmittelaufkommen und Lebensmittelzuteilung deckten gerade mal ein Minimum des Energiebedarfs, noch dazu bei schwerer körperlicher Arbeit. Wer keine Beziehungen in den Westen oder irgendwelche Rücklagen hatte, wer nichts auf dem Schwarzmarkt eintauschen konnte, der litt wie vordem. In erster Linie litten die al-leinerziehenden, kinderreichen Mütter, derer es viele gab, und auch die Alten und Kranken siechten nur so vor sich hin. Unseren Bauern ging es vielleicht etwas besser als den Städtern, aber ihre Pflichtabgabe war hoch. Wer nicht or-dentlich abrechnete, Monat für Monat, wer nicht genug oder nicht pünktlich lieferte, musste den Riemen über seinem ohnehin schmalen Leib wieder enger schnallen. – Und draußen lag noch immer ungenutztes Land!

Da machte ein ganz Verwegener den Vorschlag, die verwaisten Stücke zusätzlich zu bewirtschaften. „Hast du noch freie Spitzen?", murrte ein anderer. „Und wenn wir nur die Hälfte von dem runterholen, was wir auf dem eigenen schaffen. – Das wollen wir doch mal sehen!" Er spuckte in die Hände und legte los. „Verdammt", knurrte ein dritter und packte gutmütig mit zu. Schon war eine ganze Gruppe unterwegs und befruchtete das brach lie-gende Land. Und wie sie nun einmal dabei waren, beugten sie sich gleich noch über die Stücken, deren Bewuchs zu wünschen übrigließ. Sie sprachen sich ab, sie halfen einan-der, tauschten Erfahrungen aus und gaben Wissen weiter, sie gingen reihum über alle Felder und durch die meisten Ställe. Das nannten sie „Gegenseitige Bauernhilfe".

Wobei unseren Marzahnern das Zusammengehen zu-nächst nicht leicht fiel. Zum einen hatten sie wirklich einen riesigen Berg Arbeit vor sich und zum anderen hockte in ihnen immer noch ganz tief drinnen der Arg-wohn gegen den Nebenmann. Wer zwölf Jahre lang auf Misstrauen, Abneigung und Abscheu getrimmt worden war, konnte sich nicht so leicht umstellen. Zutrauen zum Nächsten, freundliches Einlenken und Entgegenkommen waren ihnen fremd geworden. Ihr Missmut äußerte sich besonders dann, wenn es allzu anstrengend wurde, wenn sie erschöpft wurden, wenn es nicht weitergehen wollte. Dann haute einer eine verletzende, spitze Bemerkung raus und ein anderer stieg genauso unüberlegt und unflätig darauf ein. Und schon war die Stimmung am Boden und alles drohte auseinanderzufallen. Wollten sie das wirklich? War es ihnen egal, wie es hernach weitergehen würde? Sie schufteten verbissen weiter. Sie hielten sich ran. Sie dachten nach, sie rissen sich zusammen, sie versuchten, die Klippen zu umschiffen. Jeder versuche das Beste und sollte dem anderem nichts Böses unterstellen, meinten sie dann bei sich. Und niemand mag sich auf der Arbeit auch noch niedermachen lassen. Alsbald zog ein gemäßigter, sauberer Ton ein. Sie lernten, Kritik anständig und damit konstruktiv anzubringen. Die Atmosphäre wurde angenehmer, selbst bei berechtigter Beanstandung überhaupt nicht mehr hämisch, beleidigend oder etwa schadenfroh. Mit inniger Anteilnahme und ehrlicher Hilfsbereitschaft ging es bergauf. Es gab auch keine Brachen mehr und unsere Bauern erfüllten ihr Soll, manchmal lagen sie sogar noch darüber. Das machte sie innerlich ruhig und zufrieden. Aus dieser Ruhe und diesem Frieden erwuchs ihnen zugleich ein Schaffensrausch, der sich in zunehmender Umsicht, freundlicher Aufmerksamkeit und nicht zuletzt in Ehrgeiz äußerte. Nichts war ihnen zu viel, zu hoch oder etwa unmöglich. Sie wurden das erste Mal seit Jahren wieder von Herzen so richtig froh. Mehr noch zog ein ganz neuer Sinn des Lebens ein – der Sinn, nicht nur für sich selbst, sondern auch für alle anderen da zu sein und von diesen anderen obendrein auch noch gemocht zu werden

– ein Sinn, von dem sie vermutet hatten, dass der längst gestorben sei oder dass es diesen Lebenssinn im Diesseits überhaupt nicht gäbe.

Eines Morgens ratschte, krachte und dröhnte es vom Gütergleis am Marzahner Bahnhof her. Unsere Bauern drehten die Köpfe. Lärm von der Bahn waren sie gewöhnt. Die Strecke Lichtenberg-Küstrin war allzeit sehr belebt gewesen. Ein langer Zug, so lang, dass man sein Ende nicht ausmachen konnte, kroch ratternd und polternd daher. Schon wollten sich unsere Bauern ihrer Arbeit gleichmütig wieder zuwenden, als sie auf den Pritschen eine lange Reihe nigelnagelneuer Traktoren erblickten. Schön festgezurrt, spiegelblank rollten sie langsam dahin und glänzten in der aufgehenden Morgensonne. Unsere Marzahner standen wie angenagelt und schauten fasziniert. Die Lokomotive schnaubte, tönte und stoppte. Die Hänger liefen dumpf klingend auf. Drei Arbeiter dirigierten zwei der Zugmaschinen über die Rampe auf freies Feld. Der Rest rollte weiter …

1000 Traktoren hatten sowjetische Arbeiter zusätzlich zu ihren eigentlichen Produktionsaufgaben in freiwilliger Aufbauarbeit gefertigt und nach Deutschland gesendet. 1000 Traktoren und noch mehr: Werkzeuge, Maschinen und Fachleute. – In der bürgerlichen Historiographie ist immer nur von Reparationen die Rede, wie die Russen unsere Werke abbauten und fortschafften und wie sie sich mit deutscher Technik und deutschen Fachwissen als Wirtschaftsmacht profilierten. Bestenfalls wird dem Russen zugestanden, wie er in der Anfangszeit Brot und etwas Suppe verteilte. Aber auch das soll vergessen werden.

Zunehmend immer öfter und immer bösartiger wird er als Vergewaltiger und Draufgänger geschildert. Immer mehr Horrorgeschichten tauchen auf. Immer mehr vermeintliche Zeugen denken sich neue Biografien aus und veröffentlichen diesen Schund im Internet oder stellen ihn in die Bücherregale. Ein Russe, der wie einst Genghis Khan mit seinen gelben Horden über uns hergefallen sei. Die Wirklichkeit sah anders aus. Die vom Krieg maßlos geschröpfte und erschöpfte Sowjetunion gab mehr, viel mehr, als sie hätte geben müssen. Die Menschen gaben, weil sie sowohl Mitleid empfanden als auch die Vernunft zum Gebot der Stunden erhoben. So mancher Sowjetbürger wäre moralisch berechtigt gewesen, blutige Rache zu üben. Er tat es nicht, sondern würgte seine Gefühle ab und übte wider seine persönlichen Erfahrungen Solidarität. „Solidarität ist die Zärtlichkeit der Völker", wie der argentinisch-kubanische Freiheitskämpfer Ernesto Che Guevara einmal sagte. Solidarität als Ausdruck des neuen Menschenbildes. Solidarität, die unsere Marzahner anfangs irritierte, dann beschämte, dann stärkte und letztendlich das Alte überwinden ließ. – Mit sowjetischer Technik und Wissenstransfer aus der Sowjetunion ging es dann auch rasch vorwärts.

Die Enteignung der Kriegsverbrecher, Monopolherren und Junker, die Bodenreform und die gerechte Verteilung, sprich der Sozialismus stand nicht nur bei den Kommunisten ganz oben auf dem Zettel, sondern auch alle anderen Volksparteien hatten diese Zielstellungen nach 1945 in ihr Programm aufgenommen. Der Kapitalismus hatte sich mit Völkermord und Raffgier restlos desavouiert. Darin waren sich alle Männer und Frauen einig. Mit 60

Millionen Menschen waren die Deutschen in ihr Drittes Reich eingetreten. Mit kaum 40 Millionen gingen sie daraus hervor. Es gab keine Familie, die nicht unsäglich unter den faschistischen Verbrechern gelitten hatte. Nie wieder! Niemals wieder, schworen sie sich. Aber nach kurzer Frist wurden die ehrlichen amerikanischen, englischen und französischen Befreier und Aufbauhelfer von ihren Befehlshabern nach Hause oder in die Wüste geschickt. Die demokratischen Parteien, insofern sie ihre Gesinnung nicht wenden wollten, wurden von den Besatzern in ihrer Arbeit behindert beziehungsweise verboten. Die teils hier und teils da bereits erfolgten Enteignungen von Großkapitalisten und Junkern wurden rasch wieder rückgängig gemacht. Das Volk darbte, das Volk kämpfte. Die Währungsreform 1948 in den westlichen Zonen schnitt das über einhundert Jahre gewachsene Wirtschaftsgebilde Deutschland in zwei Teile: im Westen die Industrie und im Osten die Landwirtschaft. Flugs mobilisierte die amerikanische Regierung sämtliche Reserven und warfen sie auf den westdeutschen Markt. Mit dem Marshallplan täuschten die Kapitalisten das Volk über ihre wahren Beweggründe hinweg. Der Osten sollte an seinem Mangel verrecken. Dem Kommunismus gönnten die kapitalistischen Unternehmer keine Handbreit Boden. Keine Chance! Denn ohne Maschinen ist auch beim besten Willen und bei noch so hohem Einsatz effektive Landwirtschaft kaum mehr möglich. Was der Krieg nicht zuwege gebracht hatte – die Ausrottung der kommunistischen Idee – sollte auf wirtschaftlichem Wege passieren. Und wenn erneut Millionen dabei drauf gingen. So entstand der westdeutsche Separatstaat auf dem Territorium der westlichen

Besatzungszonen. Die Bundesrepublik Deutschland wurde am 23. Mai 1949 aus der Taufe gehievt.

Da blieb den hiesigen Arbeitern und Bauern nichts weiter übrig, als mit ihrer eigenen Staatsgründung nachzuziehen. Die Bürger der Deutschen Demokratischen Republik feierten fortan am 7. Oktober eines jeden Jahres den Geburtstag ihres sozialistischen Heimatlandes. Freimütig intonierten sie die Worte Johannes R. Bechers nach der Melodie Hans Eislers.

Auferstanden aus Ruinen
und der Zukunft zugewandt,
laßt uns dir zum guten dienen,
Deutschland einig Vaterland.
Alte Not gilt es zu zwingen,
und wir zwingen sie vereint,
denn es muß uns doch gelingen,
daß die Sonne schön wie nie
über Deutschland scheint.

Glück und Frieden sei beschieden
Deutschland, unserm Vaterland.
Alle Welt sehnt sich nach Frieden,
reicht den Völkern eure Hand.
Wenn wir brüderlich uns einen,
schlagen wir des Volkes Feind.
Laßt das licht des Friedens scheinen,
dass nie eine Mutter mehr
ihren Sohn beweint.

Laßt und pflügen, laßt uns bauen,
lernt und schafft wie nie zuvor,
und der eignen Kraft vertrauend
steigt ein frei Geschlecht empor.
Deutsche Jugend: bestes Streben
unsres Volks in dir vereint,
wirst du Deutschlands neues Leben.
Und die Sonne schön wie nie
über Deutschland scheint.

Hier wären nur noch ein paar Daten zu nennen, um das Marzahner Bild abzurunden: Ab Ende der fünfziger Jahre des 20. Jahrhunderts wirtschafteten unsere Bauern in ihrer Landwirtschaftlichen Produktionsgenossenschaft, verfügten über einen ausreichend großen Maschinenpark und bildeten ihre Nachwuchskader in den Fachschulen und auf den Universitäten aus. Damit deckten sie ihren eigenen Lebensmittelbedarf und den der städtischen Bevölkerung vollständig und hochwertig. Sie gewannen Ärzte und Lehrer hinzu, bauten sich eine Poliklinik und eine große geräumige Schule – einen eigenen Arzt hatten unsere Marzahner früher nie gehabt und die alte, noch von den Hugenotten herrührende Schule war viel zu eng geworden –, sodass fortan Gesundheitsfürsorge und Bildung für alle da waren. Sie verfügten über eine Post, einen Frisör, einen Bäckerladen und einen Schuster. Im Ort richteten sie sich ein Kino und einen Tanzsaal ein, was reichlich und gern genutzt wurde. Sie lebten und schafften mit großer Zufriedenheit und beseelt von allem Glück der Welt.

Probleme? Freilich gab es auch in unserem Dorf Probleme. Hin und wieder hackte es, knirschte es im Getriebe, wuchs sich zum Ärgernis aus, aber der Boden in des Volkes Hand beflügelte sie dennoch und ließ unsere Marzahner jedes Hindernis überwinden.

Ankunft in der Heimat

In diesem Abschnitt wenden wir uns unserem National-
dichter Johann Wolfgang von Goethe zu, weil er den uralten Menschheitstraum von Freiheit und Gleichheit, von
glücklichem Schaffen mit seinen Versen so schön illustriert hat. Bevor wir uns jedoch in seinen Text vertiefen,
lassen wir einen anderen Gedanken Revue passieren: Die
Arbeiterklasse ist die einzige Klasse, die bei ihrer Macht-
ergreifung das Ancien Régime nicht nur vollständig vernichtet, also die Verhältnisse konsequent und gänzlich
von unten nach oben kehrt, sondern zugleich sämtliche
Kunstwerke, die gesamte Literatur, die Werke der Male-
rei, Komposition, Bildhauerei und Architektur behut-
sam birgt und in den Kommunismus mit hinübernimmt.
Nach den revolutionären Stürmen sichtet sie das kulturelle Erbe und eignet es sich bewusst und zielstrebig an. Aber
die normalen Durchschnittsleute in den Städten und auf
den Dörfern hatten dazumal selbstverständlich auch damit ihre Mühe, denn allzeit war das einfache Volk von den
hervorragenden Kulttempeln ausgesperrt, wie wir bereits
oben im ausgehenden Mittelalter sahen. Jahrhundertelang
ward den armen und darbenden Menschen gepredigt, dass
Theater, Musik, Bildhauerei und Literatur nicht für sie geschaffen seien, weil sie sie nicht verständen, weil es ihnen
zu hoch sei, weil ihr bisschen Grips dafür nicht ausreiche,
bis sie selber dran glaubten. Die einen wären zum Denken
und die anderen zum Arbeiten da, wurde ihnen gesagt.
Zwar entwickelte das schaffende Volk immer mal auch ein

bisschen was an künstlerischem Ausdruck für sich selbst. Sie malten ihre kleinen Kirchen nach ihrem Geschmack aus, sie schmückten ihre Häuser, sie hatten ihre Freude am Gesang und sie erzählten einander ihre Märchen. Dennoch wären unsere Bauern von sich aus nie auf den Gedanken gekommen, ein Theater zu betreten und sich eine Oper anzuhören.

Eines Tages Anfang der fünfziger Jahre offerierte unser Bürgermeister, dass das Ensemble der Deutschen Staatsoper wieder spiele und sie alle einen Ausflug in die Stadt unternehmen sollten, um bei einem Konzert Entspannung und Erbauung zu finden. Na da brach ja was los! Das Gros unserer Marzahner tippte sich an die Stirn und drehte sich weg. Nun liebäugelte zu der Zeit, als dieser erste Konzertbesuch anstand, bereits der eine oder andere mit der höheren Kunst, war schon etwas weiter herumgekommen und hatte dies und jenes schon gesehen, sodass unser Bürgermeister nicht ganz alleine stand. Nach heftiger Diskussion, mit etwas Druck und Überredungskunst wagten sich unsere Bauern zu der außerordentlichen Unternehmung. Viel war vorzubereiten und zu organisieren gewesen, denn so eine Wirtschaft schließt man nicht einfach ab und geht ins Theater. Auch die Kleidung musste passend gemacht werden. Niemand besaß einen guten Anzug oder ein Abendkleid, von eleganten Schuhen ganz zu schweigen. Endlich war alles soweit gerichtet, an alles gedacht und sie machten sich auf den Weg. Die zerstörte Stadt, Kinder, das trieb einem die Tränen die Augen. Was waren unsere Marzahner gut bei diesem ganzen Wahnsinn weggekommen! Dann betraten sie in ihren abgetragenen Schuhen, bei dem schweren Gang ihrer derben Glieder gebückt, verlegen und scheu den Palast. Tausende Lichter strahlten, der Fußboden war spiegelblank und eben, die Wände mit Schmuckwerk von Gold und Silber belegt, die hohe Decke wölbte sich erhaben und alles sah viel prunkvoller aus, als sie es sich in ihren kühnsten Träumen je vorzustellen vermochten. Gott, welch Meisterwerk und von Menschenhand geschaffen! Da hoben sie den Kopf und die Schultern und dachten mit einiger Bitternis: Schau an, schau an, die Reichen und Schönen haben von unserem Geld nicht schlecht gelebt. Respekt paarte sich mit Widerwillen. Dann nahmen sie in sehr bequemen Sesseln Platz, schoben die Füße unter die Rückenlehne des Vordermanns und ließen es sich gut gehen. Die Musik war freilich gewöhnungsbedürftig, an manchen Stellen quietschte es gar. Aber als sie wieder draußen waren, in unserem Dorf, und in sternklarer Nacht den tiefblauen, unendlich weiten Himmel beschauten, da ging ihnen das Herz auf und sie wünschten sich ein zweites und ein drittes Stück dieser Art. Schon hockten sie zusammen und planten den nächsten Konzertbesuch. So brach das Eis, so überwanden sie ihren Argwohn und ihre Scheu.

Mit Wolfgang Amadeus Mozart hatte es dann noch eine besondere Bewandtnis, die wir hier nicht aussparen wollen. Das war dann schon viel später, als sie ihr Kulturhaus fertig gebaut hatten und eine Truppe aus Meiningen bei ihnen auftrat. Das Stück hieß „Die Entführung aus dem Serail". Ein Singspiel, ein lustiges und zugleich sehr ernsthaftes Stück von Gefangennahme, Flucht, Liebe, Freundschaft, Großmut und Verzeihen. Das ging unter die Haut, wie der Junge sein Mädchen über Ländergrenzen hinweg suchte, wie der Haremswächter bösartig lauerte und seine Intrigen spann und wie der Fürst die Gefangenen am Ende freigab. Der Komponist, ein Junge von kaum fünfundzwanzig Jahren, hatte unserer Marzahner Sehnen und Leiden, ihre Angst, ihre Verzweiflung und ihre Hoffnung mit seiner Musik so recht zum Ausdruck gebracht: Erlösung aus der ewigen Gefangenschaft durch Geben ohne Berechnung, durch Zuwendung ohne Eigennutz. Da fühlten sich die Unsrigen verstanden und nahmen Mozart mit offenem Herzen bei sich auf. In seinem Schaffen erkannten sie sich selbst und waren endlich in ihrer Heimat angekommen.

Und nun lesen wir Goethe:

> Ein Sumpf zieht am Gebirge hin,
> verpestet alles schon Errungne.
> Den alten Pfuhl nun abzuziehn,
> das Letzte wär' das Höchsterrungne,
> eröffn' ich Räume vielen Millionen,
> nicht sicher zwar doch tätig frei zu wohnen.
> Grün das Gefilde, Mensch und Heerde
> sogleich behaglich auf der neusten Erde,
> gleich angesiedelt an des Hügels Kraft,
> den aufgewälzt kühn emsige Völkerschaft.
> Im Innern hier ein paradiesisch Land,
> da rase draußen Flut bis auf zum Rand,
> und wie sie nascht, gewaltsam einzuschießen,
> Gemeindrag eilt, die Lücke zu verschließen.
> Ja! Diesem Sinne bin ich ganz ergeben,
> das ist der Weisheit letzter Schluss:
> Nur der verdient sich Freiheit wie das Leben,

der täglich sie erobern muss.
Und so verbringt, umrungen von Gefahr,
hier Kindheit, Mann und Greis sein tüchtig Jahr.
Solch ein Gewimmel möcht' ich sehn,
auf freiem Grund mit freiem Volke stehn.
Zum Augenblicke dürft' ich sagen:
Verweile doch, du bist so schön!
Es kann die Spur von meinen Erdentagen
nicht in Äonen untergehn. -
Im Vorgefühl auf dieses große Glück
genieß' ich jetzt den höchsten Augenblick.

Die Abrechnung

Obgleich die Administration und die großen Unternehmer der Vereinigten Staaten von Amerika den deutschen Faschismus wirtschaftlich angeschoben, gestärkt und gegen die Sowjetunion in Anschlag gebracht hatten, schrien sie im Nachhinein umso lauter nach Vergeltung. Einige Köpfe mussten rollen, um den berechtigten Volkszorn zu besänftigen, denn auch das amerikanische Volk hatte Opfer zu beklagen gehabt, war zur Kasse gebeten worden und viele Familien sahen ihre Männer nicht wieder. In Nürnberg 1945 und 1946 verurteilten die westlichen Siegermächte einige Kriegsverbrecher zum Tode, andere zu lebenslanger Haft. Die meisten Mörder kamen nach wenigen Jahren wieder frei und erfreuten sich eines sonnigen Lebens im Schoße der bürgerlichen Gesellschaft. Ganz anders urteilten und verurteilten die Bürger der Sowjetunion. Einige Kriegsverbrecher wurden vor Ort, am Tage ihrer Gefangennahme oder kurz darauf standrechtlich erschossen. Das ließ sich nicht verhindern, wiewohl die Doktrin eine andere war. Die Kriegsverbrecher hatten sich vor einem ordentlichen Gericht und in der Öffentlichkeit zu verantworten und hatten dann je nach Schwere ihrer Tat für zehn, zwanzig oder mehr Jahre bei Zwangsarbeit Buße zu tun. Diese Zwangsarbeit war nicht auf Vernichtung der Betreffenden, sondern auf Wiedergutmachung ausgerichtet und sollte selbstverständlich der Abschreckung dienen. Dieses Verfahren beeindruckte nachhaltig, befriedigte die Bevölkerung und dämpfte die Kriegslüsternheit der Scharfmacher, zumindest für einige Zeit.

Übrigens war dazumal das kommunistisch gesinnte Gericht tatsächlich eine öffentliche Veranstaltung und vollständig nach den Prinzipien der Demokratie abgehalten. Das Publikum hockte nicht mehr oder minder unbeteiligt auf der Zuschauerseite, während sich Richter, Verteidiger, Zeugen und Angeklagte aneinander rieben. Es war zum Mitmachen aufgefordert und angetreten. Jeder noch so Geringe durfte mit seiner Meinung zur Urteilsfindung beitragen. Diese Praxis ist mit der Zeit verloren gegangen, wird jedoch künftig wiederbelebt und von den Hunderttausend zu ihrem eigenen Nutzen und Schutz angewendet werden.

Nach dem Tode Joseph Stalins im März 1953 veränderte sein Nachfolger Nikita Chruschtschow das politische Klima in der Sowjetunion – schrittweise, heimtückisch und folgenschwer, wie die Geschichte uns lehren sollte. Ab dem Tag seiner Machtübernahme proklamierten er und seine Kumpane Verständigung, friedliche Koexistenz, vorgeblich nach dem Leninschem Prinzip, und Annäherung der Systeme. In Geheimverhandlungen kam Chruschtschow mit der amerikanischen und mit der bundesdeutschen Führungsclique überein und setzte sämtliche Kriegsverbrecher auf freien Fuß. Augenblicklich rüsteten die Revisionisten zum nächsten Krieg. Die Pariser Verträge 1954 und 1955, alle nachfolgenden Verhandlungen und Verträge und die Ausdehnung des Nordatlantikpakts legen beredtes Zeugnis dafür ab. Selbstverständlich bemühten sich die Friedliebenden aller Herren Länder weiterhin um Abrüstung und um die längst fällige

Abrechnung mit den erneut und nach wie vor freilaufenden Kriegsverbrechern. Das war nicht einfach. Das war mit vielen Niederlagen und Rückschlägen verbunden, denn die Administrationen der kapitalistischen Staaten liefen dem beständig zuwider. Vieles mussten die Fahnder verdeckt ermitteln, besprachen sich miteinander im Verborgenen, beförderten ihre Informationen über abgeschirmte Kanäle. Eine kraft- und zeitraubende Sisyphusarbeit! Aber auch in einigen sozialistischen Ländern hatte sich derweil großmütig Verzeihen, Vertrauen, Entschuldigung breitgemacht. Nichtsdestotrotz gab es die unermüdlichen Antifaschisten, die forschten und offenlegten, die anklagten und verurteilten.

Ab 1963 lief in Frankfurt am Main unter dem Generalstaatsanwalt Fritz Bauer der Hauptprozess gegen die Mörder von Auschwitz, wo zwischen 1940 und 1945 fünf Komma fünf Millionen Menschen ermordet worden waren. – Diese Zahl wird von der bürgerlichen Historiographie beständig nach unten korrigiert, die Opfer zumeist auf die Juden begrenzt, als wenn das Verbrechen damit kleiner werden würde oder Rechtfertigung erheischen könnte. Wir diskutieren weder statistische noch juristische oder religiöse Spitzfindigkeiten. Wir leiden mit jedem einzelnen Menschen, der den Mördern in die Hände fiel, und wir werden niemals verzeihen. – Auf diesem Prozess im Jahr 1963 öffnete sich der Sumpf in seiner ganzen Tiefe, Breite und Niedertracht. Unter anderem benannten die Zeugen Otto Hebold als Mörder aus Marzahn. Er habe, so hieß es, behinderte Kinder und Erwachsene ermordet beziehungsweise ermorden lassen. Der Staatsanwalt gab die Daten an die Sicherheitsorgane der Deutschen

Demokratischen Republik weiter. Die schwärmten aus, machten Hebold ausfindig und stellten ihn vor ein hiesiges Gericht.

Otto Hebold, ausgerechnet der Sohn des einstigen medizinischen Gründungsvaters der Heilstätten, verging sich ab 1933 mit Menschenversuchen und vorsätzlicher Tötung an seinen Schutzbefohlenen. Anschließend ließ er alle Heimbewohner, deren Pfleger und Angehörige fortschaffen – die Pfleger und deren Familien wohnten damals mit auf dem Klinikgelände „Wuhlgarten" – und ließ sie umbringen, damit keine Zeugen mehr auftreten könnten. Danach praktizierte Hebold an der Berliner Charité, bei der Flüchtlingsfürsorge, in verschiedenen kleineren Häusern und kam zuletzt in Cottbus unter, wo ihn niemand kannte und ihm niemand draufkommen sollte. Sein Versteck war dreist und gut gewählt, allerdings nicht gut genug. Das Gericht verurteilte Hebold zu lebenslanger Haft. Er saß in der Strafvollzugsanstalt Bautzen ein und kam nie mehr frei.

An der Gerichtsverhandlung in Cottbus nahm auch eine Abordnung unserer Marzahner teil. Fassungslos und erschüttert rekapitulierten sie die Ereignisse: Dazumal, ungefähr bis zum Jahr 1935 lebten in jedem Dorf, jeder Gemeinde, jeder Siedlung ein oder zwei Menschen, die nicht ganz auf der Höhe der Zeit, geistig oder körperlich beeinträchtigt, von der Natur benachteiligt waren und zugleich im Schutze dieser Gemeinde stehend am Rande so mitliefen. Was machte es denn auch aus, einem Armen, Schwachen ein Stück Brot zu reichen? Wie schwer war es, ihn zu akzeptieren oder einfach nur in Ruhe zu lassen? Störte es jemanden, wenn dieser versuchte, sich durch kleine Hilfsdienste nützlich machen? Wacklige, Blinde oder Gehörlose gehörten einfach dazu, ergänzten auf ihre Weise das lebendige Bild jeder Kommune. Und plötzlich waren sie weg! Niemand spürte ihnen nach, niemand fragte nach ihnen, niemandem wollte auffallen, wie sie verschwanden. Außer deren engste Verwandte freilich, die sich dann auch noch sterilisieren lassen mussten. So kamen durch den Auschwitzprozess der Euthanasiemord und die Verstümmelung von jungen Männern und Frauen ans Licht, wurde des Weiteren in Cottbus eingehend verhandelt und ließ unsere Marzahner tief erschüttert heimkehren.

Was sollten sie sagen, was berichten, wie würden es ihre Mitbürger aufnehmen? Ein wenig lastete auf jedem dieser Generation auch die eigene Schuld. Schuld durch Schweigen und Unaufmerksamkeit. Die grausige Wahrheit schnürte ihnen Kehle zu. – Da nahmen sie Hacke und Spaten zur Hand. Sie ebneten mitten im Dorf, auf dem Anger, zwischen der alten Schule und der Kirche eine kleine Fläche, setzten einen Stein, legten ein Beet an, pflanzten Blumen, streuten Kies aus und hoben zwei Finger zum Schwur: Nie wieder! Nichts und niemand sollte je vergessen sein. Niemals sollte sich wiederholen, was des Lebens dunkelste Seite war. So schworen sie sich, so sagten sie es untereinander und so lehrten sie es auch ihre Kinder.

Hier greifen wir der Geschichte ein wenig voraus. Bei der Planung und Ausführung der sozialistischen Großsiedlung Marzahn wurde erstmalig und in vollem Umfang an die soziale Integration der Behinderten gedacht. Es gab von Anfang an ausreichend Wohnungen, Tagesstätten und Arbeitsplätze für Menschen mit geistigen oder körperlichen Defiziten. Sämtliche Zugänge zu den Gemeinschaftseinrichtungen sowie zu den Verkehrsmitteln waren rollstuhlgerecht ausgeführt, sodass der Leute Teilhabe nichts im Wege stand. Behinderte lebten in der Deutschen Demokratischen Republik nicht am Rande, schon gar nicht von Almosen, sondern mittendrin und gleichberechtigt, gut versorgt und selbstbestimmt. Dadurch leisteten auch sie ihren Anteil am Werden und Wachsen der sozialistischen Siedlung. Es war ein bisschen so, als sollten unsere Marzahner ein Vermächtnis erfüllen. Und sie erfüllten es gut.

Der Umwelt zuliebe

Endlich begriff sich der Mensch wieder als Teil seiner natürlichen Umwelt. Was die kapitalistische Produktionsweise mit ihrer Gier nach Gold und Geld, mit der Jagd nach dem größten Profit über Jahrhunderte verschüttet hatte, erwachte zu neuem Leben. Die Menschen verstanden, dass sie nicht unbegrenzt produzieren und aus der Natur wahllos entnehmen können, ohne Gleichwertiges zurückzugeben. Mehr noch fasste sich der Mensch selbst als biologisches Wesen auf. Insofern braucht er für sich neben der Arbeit auch Ausgleich und Erholung, sonst verreckt er vor der Zeit. So entstand ein ganz neues Selbstverständnis von Produktion und Reproduktion: Nicht arbeiten bis zum Umfallen, sondern Arbeit, um zu leben. Dazugehörige Arbeitsplätze als Lebensräume, wo freimütig gedacht, geplant und geschaffen werden kann, wo jeder gern hingeht, weil gleichgesinnte und gleichgestellte Kollegen da sind, und wo ausreichend Licht und Sonne für den freien Blick und Luft zum Atmen hineinkommen. Und Freizeiteinrichtungen nach dem Geschmack und den Bedürfnissen aller oder zumindest der Mehrheit. Wohnungen zum Wohlfühlen, sich darin ausleben können, mit Platz für alle möglichen individuellen Eigenheiten, halt eben Wohnungen, die nicht nur als notdürftiger Wetterschutz geeignet sind. – Das ist und bleibt die Zielstellung des Kommunismus.

Nach wie vor waberte jedoch die Dreckbrühe in den Auffangbecken und Kanälen, stank gen Himmel, verpestete die Gegend und machte die Arbeit zur Pein. Zwar gewöhnt sich der Mensch an so ziemlich alles, aber wenn er kritisch hinschaute und wirklich ehrlich zu sich selber war, musste er zugeben, dass Marzahn elendes Terrain, bei aller Heimatliebe nicht unbedingt eine Perle des Sozialismus war. Das konnten auch Kulturhaus, neue Schule, Politklinik und gepflegte Gärten nicht vertuschen. Obendrein waren wissenschaftlich-technischer Fortschritt inzwischen soweit gediehen, dass sich die Technologie der Rieselfelder erübrigte. Also weg damit! In dem nahe gelegenen kleinen Ort Falkenberg, Ausbau mit nur ein paar Siedlungshäusern und einer Kirche, errichteten die Berliner Arbeiter für sich und ihre Stadt ein Klärwerk. 1968 wurde es in Betrieb genommen, entsorgte die Abwässer der Stadt und der nahen Umgebung zuverlässig und ohne Geruchsbelästigung. Parallel dazu überdachten unsere Marzahner tausende Quadratmeter ihres Landes mit Glas, um dort wohltemperiert, gut belüftet und beleuchtet, ausreichend bewässert und befruchtet ganzjährig Gemüse anzubauen. Damit hatten sie eine saubere, ertragreiche Arbeit, die ihnen nicht allzu viel Mühe bereitete und reichlich Gewinn einbrachte, wovon sich nun halt auch sehr gut leben ließ. Viel Fläche außerhalb der Gewächshäuser blieb brach liegen, weil der Marzahner Boden ohne Berieselung unfruchtbar wie eine Sandkuhle geworden war.

Das Gemüse lieferten unsere Marzahner in erster Linie nach Westberlin. – Westberlin war als Krebsgeschwür im Fleisches des Sozialismus gedacht, durch falsche Berufung auf das Vier-Mächte-Abkommen von 1945 über Jahre systematisch zur Propagandazentrale, zum Spionagezentrum, zum Brückenkopf des Kapitalismus ausgebaut und missbraucht worden. – Die Bevölkerung dieses von seinem natürlichen Umland abgeschnittenen Fleckens bedurfte großer Mengen Lebensmittel, die trotz vollmundiger Versprechungen und Verkündigungen über eine etwaige Luftbrücke oder auf dem Transitwege einfach nicht ranzuschaffen waren. Selbstverständlich hatten die amerikanischen Besatzer und ihre Verbündeten mehrfach den Ausnahmezustand geprobt, aber mehr als einen Tropfen auf den heißen Stein nicht zuwege gebracht. Technik und Technologien reichten niemals aus, um zwei Komma fünf Millionen Menschen aus der Luft zu ernähren und für sie einen halbwegs erträglichen Lebensstandard abzusichern. Da musste die Deutsche Demokratische Republik ran. Unsere Arbeiter und Bauern lieferten nicht nur sämtliche Lebensmittel und Baumaterialien für die Stadt, sondern sie entsorgten auch den Müll und klärten die Abwässer, wobei die Bürgermeisterei Westberlins grundsätzlich die Rechnungen für unsere Dienstleistungen zögerlich oder gar nicht beglich. Für uns war das das reinste Verlustgeschäft.

So stöhnte der eine oder andere Marzahner denn auch schwer und hätte statt für den Export viel lieber für den Eigenverbrauch gearbeitet. Und die Verwegenen meinten sogar, dass die Leute in Westberlin an ihrem Dreck ersticken sollten. Man könne denen ruhig den Hahn abdrehen. Aber die Gemäßigten, die Besonnenen lehnten den radikalen Schnitt ab. Denn was wäre gewonnen worden? Nichts. Die Reichen und Schönen setzen sich schnell aus dem Krisengebiet ab. Die haben immer fünf oder sechs Alternativen in der Hinterhand, weil sie das Geld dazu haben. Die armen Arbeiter und Angestellten würden darben und im Unrat waten, wie uns die Geschichte lehrte. Also lieferten und entsorgten wir beharrlich weiter, obgleich uns das von den bürgerlichen Schmierfinken als Eigennutz ausgelegt wurde. Die Solidarität ist nun mal die Zärtlichkeit der Völker, was die meisten bei uns dann auch begriffen haben. Mehr noch breitete sich mit den Jahren ein besonderes Verantwortungsbewusstsein für die armen Menschen in Westberlin aus. Die Unsrigen achteten bei der Exportproduktion auf größtmögliche Sorgfalt. Gut sollte es sein, das Beste für den Export, niemand sollte unseren Marzahnern nachsagen können, dass sie den anderen nur Schund andrehten. Wo sie daheim manchmal ein Auge zudrückten, es nicht allzu genau nahmen und ihren Anspruch runterschraubten – der Mensch ist und bleibt ja nun mal in jeglicher Hinsicht auch ein bisschen bequem –, verboten ihnen Anstand und Respekt vor den Bedürftigen in der abgeriegelten Stadt jeglichen Pfusch oder Nachlässigkeit.

Mit den Veränderungen im Produktionsprofil setzte in Marzahn prompt Bevölkerungsrückgang ein. Unsere Jugend hielt nichts mehr von diesem Ende der Welt. Ein kleines Dorf mit kaum fünfhundert Einwohnern, mehreren Flecken Gartenkolonie, einer Handvoll Gewächshäusern, einem Kuhstall, einem Schweinestall, ein paar krüppligen Obstbäumen und mächtig viel Einöde ringsherum – das zog nicht. Viel mehr zogen die Großbetriebe, die Stadt, die Zentren sozialistischen Aufbaus und die Volkseigenen Güter im Norden unserer kleinen Republik, wo in ganz anderen Dimensionen gedacht, gerechnet und geschaffen wurde und wo die Absolventen der Hoch- und Fachschulen mit Kusshand aufgenommen wurden. Nach der Ausbildung in diesen Zentren kehrten unsere jungen Leute nicht mehr nach Hause zurück. Auch der Gedanke an die eigene Scholle war verschollen, weil uns das Land von der Ostsee bis ins Fichtelgebirge, von der Elbe bis zur Oder ohnehin gehörte und uns lieb wie das eigene Kind geworden war. So werkelten unsere zurückgelassenen Dorfbewohner am Rande der Welt vor sich hin, wurden älter und älter und lebten sowohl rechtschaffen als auch abgeschieden.

Die sozialistische Großsiedlung

Kurz nachdem das Klärwerk seinen Betrieb aufgenommen hatte, tauchte in Marzahn ein Gerücht auf: „Hier kommt alles weg. Wie in der Lausitz, wo die Kohle die Dörfer frisst, werden sie uns überrollen und alles plattwalzen." – Gerüchte! Unsinn! Aber so was breitet sich schneller als jeder Funke Verstand aus und hält sich hernach zäh. Für jedes Dorf, das in der Lausitz unter sozialistischen Verhältnissen dem Abbau der Kohle weichen musste, wurde eine lebenswerte Alternative gefunden. Nun hörten unsere Marzahner hörten diesen Quatsch und stürzten los. Sie trommelten ihren Bürgermeister raus. Das war nicht mehr jener, den wir aus der ersten Nachkriegszeit kannten. Unser Marzahner Bürgermister war derweil ein gesetzter, gebildeter, gut ausstaffierter Mann, der über ein Büro, ein Vorzimmer, eine Sekretärin und einen Dienstwagen verfügte. Den scheuchten sie nun zur Regierung, Aufklärung und Hilfe herbeizuholen. Der Bürgermeister stob los und kehrte zurück.

Er offerierte folgendes: „Keine Bange, liebe Freunde und Genossen, hier entsteht ein neues Wohngebiet für eine halbe Million Menschen mit Versorgungseinrichtungen, Kindergärten, Schulen, Schwimmhalle, Kulturhaus, Bahnanschluss und so weiter. Alles, was der Mensch braucht, wird vorhanden sein. Eine sozialistische Großsiedlung, der neunte Stadtbezirk Berlins. Wir lösen das Wohnungsproblem als soziales Problem bis zum Jahr neunzig. Danke, liebe Freunde, das war's."

Er setzte sich und strahlte in die Runde. Unsere Marzahner ließen die Botschaft sacken. Und wie sie nun so ungläubig guckten, holte unser Bürgermeister erneut breit aus: „Zwar legt auch der Kapitalismus immer mal ein Reformprogramm auf, ruft die hervorragendsten Architekten zwecks Erneuerung der Städte auf und schafft auch Wohnraum für seine Arbeiter und Angestellten, aber letztendlich bleibt das nur Stückwerk, bleiben das unzulängliche Schönheitsreparaturen. Denn wo der Preis für Bauland den Zweck bestimmt, schlappen die Wohnungsgröße und die dazugehörigen Versorgungseinrichtungen weit hinter den Bedürfnissen der Menschen hinterher."

In der Tat wurde im Westberliner Stadtteil Lichterfelde zwischen 1968 und 1974 mit der Thermometer-Siedlung ein riesiges, modernes, recht ansehnliches Arbeiterwohnviertel geschaffen. Nur ist beim Bau für Unterkünfte im Kapitalismus nicht zugleich an Wohlfühlen und Arbeiten in einem gedacht. Wo es dem Unternehmer Geld bringt, errichtet er Unterhaltungsoasen und Konsumtempel für seine Arbeiter. Wenn es finanziell eher weniger aussichtsreich erscheint, bleiben die Arbeiter auf dem Trocknen sitzen und können zusehen, wie sie zurechtkommen. So mangelt es der Thermometer-Siedlung bis heute an einer zweckdienlichen Anbindung zu den Arbeitsplätzen in der Großstadt und im Umland, mangelt es an Kindergärten, Schulen und Freizeiteinrichtungen und die Wohnungen sind wegen der hohen Mieten restlos überbelegt.

Unserer Bürgermeister schloss: „Bei uns wird das alles anders."

Mittlerweile hatten unsere Marzahner kapiert, dass alles anders werden würde. Sie nölten und maulten dennoch oder gerade deshalb. Denn sie hatten sich recht bequem eingerichtet. Unser Bürgermeister herrschte barsch: „Seid ihr rückschrittlich? Diskutiert ihr nach hinten? Wollt ihr euch querstellen? Beschluss ist Beschluss!" Diese Worte ignorierten unsere Marzahner, sie hörten nicht mehr. Sie stoben hoch, flitzten heim, nahmen ihre vergilbten Urkunden aus dem Schubfach und zogen damit vors Parlament. Das wollten sie doch mal sehen, wer hier der Herr im Hause sei! Erst jetzt und mit einiger Verspätung sahen sie die Pläne ein. Pläne, die recht beeindruckend waren. Aber auch Pläne, von denen unsere Marzahner mit ein bisschen mehr Offenheit und Aufmerksamkeit längst hätten viel mehr erfahren können. Denn weder die Zeitung, noch der Rundfunk sparten mit Aufklärung. Nur leider wanderte die Zeitung zumeist ungelesen in den Altstoff, gaben unsere Marzahner im Radio den Unterhaltungssendungen den Vorzug, richteten ihre Fernsehantennen nach dem Westen aus und schauten in ihren Versammlungen, während sich der Referent an Statistiken, Planzielen und Entwicklungsmodellen abarbeitete, gelangweilt zur Decke. Nun hörten sie: Marzahn würde als Dorf erhalten bleiben, an die Infrastruktur der modernen Großstadt angeschlossen werden und als denkmalgeschützter Ortskern dem neuen Stadtbezirk seinen Namen geben. Auch die Zukunft der Bauern sei berücksichtigt. Sie dürften entweder in ihrer Genossenschaft im kleinen Zirkel weiter wirtschaften oder sich in die wachsende Großsiedlung als Bauarbeiter, Gärtner, Hausmeister, Busfahrer, Elektriker oder wie auch immer einbringen. Arbeitskräfte würden massig gebraucht, zumal am Rande der Stadt riesige Industriebetriebe am Entstehen waren.

Soweit, so gut. Tiefes Nachdenken und Luftholen folgten, denn damit war die Eigentumsfrage noch lange nicht geklärt. Die Marzahner Brache war nämlich Bauernland und durfte nach sozialistischem Recht und Selbstverständnis nicht einfach von irgendwelchen Baggern umgepflügt werden. Diese Vorhaltung brachte unsere Regierung auch nicht Verlegenheit. Man könnte Fläche austauschen, man könnte das Dorf im Ganzen oder einzelne Bauern umsiedeln. Das Verfahren war erprobt, hatte sich bewährt, wie unsere Marzahner jetzt einsehen und zugestehen mussten. Sie moserten und zauderten dennoch. Bleiben oder Fortgehen? Für Fortgehen sprach der alte, allzu bequem gewordene Schuh. Für Hierbleiben sprach die Neugierde. Wenn sich alles veränderte, mochten auch unsere Bauern nicht Abseits stehen. Sie hatten sich derweil für das Projekt erwärmt. Der Mensch ist nun mal immer auch ein strebsames Wesen, er will das Erreichte ausbauen, sich immer weiterentwickeln. „Nun ja", stimmte unser Bauernvölkchen mit gespielter Demut und leichter Raffinesse zu, „nur müsste man halt zusehen, dass sich unser Dorf dann zwischen den schmucken Neubauten nicht ganz so altmodisch und hinterwäldlerisch ausnimmt." Nachdem auch das zur Genüge breitgewalzt war, zottelten unsere Bauern mit einem hübschen Sümmchen in der Tasche heim.

Das Geld steckten sie in ihre Häuser. Und endlich bekam die bäuerliche Ein-Raum-Behausung ein annehmbares Gesicht und eine gute Ausstattung. Zwar hatte bereits so mancher wegen seines Kindersegens und weil einer Privatsphäre haben wollte, inwendig ein paar Wände eingezogen, ein paar Zimmer abgeteilt, das Dach etwas angehoben und den Raum für Wohnzwecke genutzt, nach der Hofseite hin auch was angebaut, Wohnen und Schlafen, Kochen und Waschen getrennt, aber davon war das Bauernhaus noch lange keine luftige, helle, komfortable Wohnung geworden. Es glich eher einem aufgestockten, verwinkelten Kaninchenstall. Nun legten sich unsere Bauern mächtig ins Zeug. Fortan entstanden Häuser, die sich sehen lassen konnten: solide, massiv und großräumig, zur Straße hin breite Fensterfronten, einladende Eingangsbereiche mit rustikalem Schmuck, lichtdurchflutete Obergeschosse und hinten Terrasse oder Wintergarten.

Und wie sie nun so werkelten und schafften, fiel ihr Blick auf die Kirche. „Was ist denn nun? Reißen wir das Ding gleich mit ab?", fragte einer. Sie liefen zusammen und begutachteten das Gemäuer aus festgefügten Backsteinen. Die Steine seien noch gut, meinten welche, die könnte man anderweitig verwenden. Das würde auch Kosten sparen, sagten wiederum welche und bestätigten: „Da geht doch sowieso keiner mehr rein." Weder die Landeskirche noch sonst wer hatte sich je für die Kirche interessiert. Sie öffneten das Tor und betraten den sakralen Raum. Kalt und farblos trutzten die hohen Wände, Spinnengewebe und Staub bedeckten die Bilder und den Altar, altes Gestühl stand verwaist und viel Gerümpel lag herum – die Kirche war zwischenzeitlich als Lagerraum für alles Mögliche gebraucht und dann vergessen worden – und das modrige Erbe der Faschisten war auch noch da. Mit diesem Erbe kam sogleich die schmerzende Erinnerung hoch. Da sagte einer fest: „Wir sind doch keine Kulturbarbaren. Wir nicht! Lasst uns aufräumen und die Kirche zum Wahrzeichen machen", und verfestigte: „Ein Dorf ohne Kirche ist wie Suppe ohne Salz." So machten sie es.

Sie räumten auf, sie fegten aus, sie kehrten auch vor dem Haus und zeigten dann im Wettbewerb „Schöner unsere Heimat" unser sozialistisches Dorf stolz vor.

Ab 1971 ging es in atemberaubenden Tempo voran. Zunächst gruben sich die Tiefbauarbeiter ins Erdreich. Sie errichteten bis zum Jahre 1984 auf einer Fläche von rund 60 Quadratkilometern die unterirdischen Versorgungsanlagen in weitläufigen, gut ausgeleuchteten und gut belüfteten, übersichtlichen Räumen und Stollen. Mit dieser grabungsfreien Infrastruktur erübrigten sich die ansonsten andernorts oft noch üblichen Absperrungen von Straßen und aufwendigen Wühlarbeiten bei Reparaturen und Erweiterungsbauten am Versorgungsnetz. Die Marzahner „Unterwelt" war seinerzeit die modernste Anlage Europas.

Der Strom für Marzahn wurde aus dem Kohledampfkraftwerk Klingenberg, Köpenicker Chaussee, geliefert. Die Fernwärme wurde aus der eigens für Marzahn errichteten Müllverbrennungsanlage, Rhinstraße Ecke Allee der Kosmonauten, über die unterirdischen Schächte in die Zentralheizungen geleitet. Das Heizkraftwerk Rhinstraße war auch für ganz Berlin eine wichtige Größe, weil Müll in der Großstadt ohnehin reichlich anfiel und in der neuen Anlage bis zu 600 Tausend Kubikmeter Altstoffe pro Jahr entsorgt werden konnten.

Gleichzeitig bauten die Arbeiter das Nahverkehrsnetz aus. Sie schlossen das Neubaugebiet an die Hauptstadt an und verbanden es mit den Großbetrieben, die sich am westlichen Rand Marzahns ausdehnten. Die Zulieferung für die Werke des Maschinenbaus, Elektroanlagenbaus und der Konsumgüterproduktion, wo 30 Tausend

Werktätige ihren Arbeitsplatz finden sollten, wurde jenseits der Siedlung über den neuen Bahnbetrieb Nordost parallel zur Rhinstraße abgewickelt. Die Tag und Nacht lärmende, zum Teil noch rußige Industrie war aus den Wohngebieten ausgesperrt. Die Neubausiedlung sollte sich von Hohenschönhausen und Lichtenberg über Marzahn, Hönow bis einschließlich Biesdorf und Hellersdorf erstrecken. Dazu bauten die Bauarbeiter die Bahntrassen zwischen dem Bahnhof Lichtenberg und Ahrensfelde sowie Biesdorf und Kaulsdorf großzügig aus. Außerdem wurde die U-Bahntrasse von Friedrichsfelde bis nach Hönow erweitert, zum Teil oberirdisch verlegt. Bei den Übergängen und Anbindungen an das Straßennetz, Bus und Straßenbahn vermieden sie lange Fußwege und führten diese vollständig barrierefrei aus. Schrittweise, je nach Fertigstellung der einzelnen Wohngebiete, wurde die S-Bahn-Linie beziehungsweise U-Bahn-Linie erweitert. Nach fünfjähriger Bauzeit bei laufendem Betrieb zwischen Ostkreuz und Strausberg sowie Lichtenberg und Werneuchen war der Anschluss Marzahns an das innerstädtische Verkehrsnetz Berlins und in das Umland im Jahre 1975 hergestellt. Die U-Bahn und S-Bahn verkehrten durchgängig im Fünf-Minuten-Takt. Die U-Bahn-Strecke aus Hellersdorf und Hönow endete am Berliner Alexanderplatz und die S-Bahn aus Marzahn endete Warschauer Straße. Von dort stiegen die Fahrgäste unkompliziert und ohne längeren Aufenthalt auf das innerstädtische Netz um. Und es ist kein Witz: Die Berliner S-Bahn verkehrte zuverlässig, völlig störungsfrei auch während der Bauzeit. Nach den Abfahrtszeiten der Züge konnte man die Uhr stellen. Die einfache Fahrt von Ahrensfelde bis Friedrichstraße kostete zwanzig Pfennig.

Am 5. Januar 1979 wurde der Stadtbezirk Marzahn als neunter Stadtbezirk der Hauptstadt der Deutschen Demokratischen Republik gegründet. Im Jahr 1980 lebten hier bereits fast 81 Tausend Menschen und im Jahr 1985 waren 180 Tausend Bürger stolze Besitzer einer hellen, trockenen, gut beheizten, komfortablen Neubauwohnung. Dazu bauten die Arbeiter eine Schwimmhalle, ein Kino, ein Pionierhaus als Freizeitstätten im ersten Wohngebiet. Später sollten entsprechende Einrichtungen im zweiten, dritten und vierten Wohngebiet geschaffen werden. Es gab ausreichend Schulen und Kindergärten, Kinderhorte, Spielplätze, Sportplätze und Klubräume. In den Dienstleistungszentren konnte sich jeder Bürger frisieren, massieren und seine Füße pflegen lassen. Er konnte dort auch gleich seine Kleidung und Wäsche für ein ganz geringes Entgelt zur Reinigung und zur Reparatur abgeben. Verwertbare Altstoffe wanderten nicht in den Müll, sondern zum Altstoffhändler in eben diesen Dienstleistungszentren. Die medizinische und gesundheitliche Behandlung und Betreuung aller fand in den Polikliniken statt. Außerdem gab es flächendeckend Gaststätten und Kaufhallen mit einem preiswerten, reichhaltigen Angebot. Sämtliche Versorgungseinrichtungen waren bequem und fußläufig erreichbar. Kinder konnten gefahrlos zu ihrer Schule oder zu ihren Spielplätzen laufen, sie mussten keine großen Straßen überqueren. Für unsere Bürger lag alles dicht bei der Hand, sodass sich Aufwand und Mühe zugunsten ihrer Freizeit reduzierten.

Zu den ersten Mietern gehörten selbstverständlich die Bauarbeiter. Dann zogen Familien aus den großstädtischen Ballungsgebieten der gesamten Republik ein. Die alte Bausubstanz im innerstädtischen Bereich mit seinem Gründerzeiterbe, dem Abfall aus zwei Weltkriegen und der notdürftigen Flickschusterei der Nachkriegszeit genügte längst nicht mehr den Wohnvorstellungen und machte die Bewohner zwischen feuchten Wänden, verschimmelten Sanitäreinrichtungen und undichten Fenstern nur noch krank. Wobei das innerstädtische Bauen und die Sanierung der alten Städte zu dieser Zeit ebenfalls in Schwung kam. Marzahn war zwar das größte aber längst nicht das einzige Neubaugebiet in unserer Republik.

Mit der Errichtung der neuen Wohnungen fanden zugleich Menschen aus aller Herren Länder in Marzahn ihren Platz. Sie kamen aus den jungen Nationalstaaten Afrikas, Lateinamerikas und Asiens, um hier zu lernen, zu arbeiten und für sich daheim von unserer Lebensart, vom Sozialismus einiges abzukupfern. Sie kamen aus Kriegs- und Krisengebieten, um hier Erholung zu finden und neue Kraft für ihr Weiterleben in der Heimat zu schöpfen. Sie alle wurden wie gute Gäste empfangen, umsorgt und auch ein wenig verwöhnt. Wiewohl dann der eine oder andere in seine alte Heimat nicht mehr zurückkehren wollte. Unsere Marzahner sahen ihm seine Verzagtheit nach. Wussten sie doch alle, wie grausam das Ancien Régime vielerorts wütete, da sollte sich so einer hier zur Ruhe setzen dürfen. Die Ausländer und die Einheimischen lebten in friedlicher Eintracht. Ein jeder trug sein Bestes in die wachsende Gemeinde hinein.

Wir halten kurz inne und rekapitulieren noch einmal: Das Volk hatte die Macht. Und weil es die Macht hatte, richtete es sich menschenwürdig ein. Es war Besitzer der Produktionsstätten und des Bodens. Sämtliche Spekulanten, Kriegstreiber, Profiteure waren zum Teufel gejagt. Das Volk produzierte eifrig und entschied über die Verteilung der Mittel. Es hatte sich seine passenden Gesetze und Bestimmungen geschaffen. Man nennt so was Verfassung, aber das tut hier nichts zur Sache. Wichtig ist das alleinige, ungeteilte und gemeinschaftliche Verteilungsrecht des Mehrprodukts im Sozialismus beziehungsweise im Kommunismus. Und dieses Verteilungsrecht nutzte das Volk zu seinen Gunsten. Es ist selbstredend nämlich nur eine Frage der Verteilung und nicht unbedingt eine Frage der Höhe der Arbeitsproduktivität oder des Produktionsausstoßes, was, wo, wie dem Volk zugute kommt. Es ist genug für alle da. Unbesehen, da sind sich die Experten von den Marxisten bis zu den kapitalistischen Wirtschaftsstrategen einig, würde die Hälfte des Mehrprodukts derzeit genügen, um sowohl die Wirtschaft aufrechtzuerhalten als auch ein anständiges Leben aller Menschen auf diesem Planeten zu gewährleisten. Nur im Kapitalismus reißen sich die Unternehmer das Mehrprodukt zu mehr als neunzig Prozent unter den Nagel und nur ein winziger Teil wird den Arbeitern für die Reproduktion ihrer Arbeitskraft zugestanden, als Lohn ausgezahlt, und deshalb können die Arbeiter im Kapitalismus von menschenwürdigen Lebensbedingungen nur träumen. Zugleich werden im Kapitalismus zu einem großen Teil Dinge produziert, die kein Mensch braucht: Waffen, Luxusartikel und Produkte, die nach kurzer Frist ihren Geist aufgeben. Die Müllhalden wachsen und der arme Bürger darbt. Im Sozialismus werden die Produktionskapazitäten sinnvoll genutzt, sodass ausreichend

Mittel für Wohlstand, zur Preisstabilität und halt eben auch für den Wohnungsbau frei werden. Aus dem kommunistischen Verteilungsprinzip ergibt sich jedoch nun auch noch eine andere Frage, deren Beantwortung wir hier vorgreifen möchten: Hat sich der Sozialismus an seinem Wohnungsbauprogramm kaputtgewirtschaftet? Diese Frage können wir mit einem klaren Nein beantworten. Zwar hatten wir immer mal Löcher zu stopfen und mit allen möglichen Hindernissen aufzuräumen, wir lebten nicht ohne Konkurrenz und allein auf dieser Welt, aber wir verfügten über ausreichend Reserven, Spannkraft wie Potential, um alle Probleme aus der Welt zu schaffen, Einbrüche abzufedern. An einer kaputten Wirtschaft oder Fehlinvestitionen sind wir keinesfalls zu Grunde gegangen. Unser Ruin erfolgte durch Verrat. Klassische, ordinäre, elende Konterrevolution warf uns um Jahrhunderte zurück. Den politischen Hintergrund haben wir oben bereits angerissen und vertiefen das weiter unten. Zur Ökonomie in des Volkes Hand können wir mit Fug und Recht sagen: Die Deutsche Demokratische Republik war eins der wirtschaftlich am meisten fortgeschrittenen Gemeinwesen, verfügte über eine hochleistungsfähige Industrie und Landwirtschaft und hatte sich weder finanziell noch kulturell oder sozial irgendwas auszustehen. – So sah denn unser Wohnungsbauprogramm auch aus, so glänzte alsbald Marzahn mit luftig angeordneten Wohnhäusern und sehr schönen Freizeiteinrichtungen.

Bei dem Abriss beziehungsweise bei dem Umbau ihrer alten Häuser war unseren Marzahnern so einiges unter die Finger gekommen, was sie vordem kaum beachtet hatten.

Ein bemalter Teller, ein hübscher Krug, eine mit Intarsien verzierte Truhe. Mehr noch fanden sich unter den alten, verrotteten Dielen Zeugnisse vergangener Epochen, die Geschichten erzählten oder besser gesagt erzählen wollten. Nur unsere Bauern konnten die Zeichen nicht deuten und kannten die hiesige Geschichte kaum, denn sie waren von anderen Aufgaben immer ablenkt gewesen und in der Mehrzahl sowieso erst nach dem zweiten Weltkrieg hier zusammengekommen und sesshaft geworden. Deshalb luden sie die Historiker und Archäologen vom Märkischen Museum zu Berlin zu sich ein, trugen die Fundstücke zusammen, hockten sich in einen Kreis und lernten nun, wie sich Marzahn, sprich seine Bewohner immer wieder zusammengerauft hatten, wie sie gegen fürstliche Willkür kämpften, wie sie bauernschlau ihr Heim retteten, wie sie durch den Kaiser litten und so weiter. Die Nachrichten aus der frühen Zeit stimmten unsere Marzahner nachdenklich. Dann begeisterten sie sich für Geschichte und sie fühlte auch Stolz auf ihre Vorfahren. „Dann sollten wir", meinten sie, „nicht die Kirche als Wahrzeichen unseres Dorfes nehmen, sondern die Mühle errichten, um die Hugenotten zu ehren." – „Ein Mühle auf einem hohen Berg, höher als der Kirchturm und weithin sichtbar!", flöteten wieder welche. Die ungenutzte Kirche hatten sie erst vor Kurzem in den Mittelpunkt gerückt, was sich recht hübsch ausnahm, aber wenig Sinn versprühte, weil ja doch keiner reinging. Viel löblicher würde sich so eine Mühle ausnehmen, dachten sie, und übertrafen sich nun gegenseitig in bedeutungsvollen Bildern und Vorstellungen von ihrem Dorf als Zentrum der sozialistischen Neubausiedlung. Nur solche Dinge müssen schließlich auch realisierbar sein und dürfen das Gesamtensemble nicht zerstören. Es brauchte seine Zeit, bevor sie richtig einig wurden. Sie beratschlagten sich mit den Bauarbeitern und mit den Museumsfachleuten. Und dann errichteten sie die Mühle von Marzahn als Zeichen von Bauernfleiß und Schweiß und Tränen, von Mut und Innovation, und setzten damit den Schlusspunkt hinter eine lange Leidensgeschichte.

Für die anderen Fundstücke bauten sie eins der übriggebliebenen bürgerlichen Sommerhäuser als Museum um, legten Ausstellungen an, trugen auch noch was aus ihrer jüngeren Geschichte dazu und bildeten sich zu perfekten Historikern aus. In Alt-Marzahn, wie sich unser Dorf ab jetzt nannte, grünten und blühten die bäuerlichen Anwesen, nahmen sich niedlich und schmuck zwischen all den Hochhausgiganten aus, die Mühle stand und berichtete von früher, das Heimatmuseum ward gut besucht. Unsere Jugend betrachtete alles gern und staunend und lernte einiges daraus. Freimütig erzählten unsere Alten, fühlten sich geschmeichelt in ihrer Rolle als Ratgeber und Lehrer. Sie waren wichtig geworden. Sie halfen unseren jungen Marzahnern besonders in der Anfangszeit des Neubauviertels, hier anzukommen und ihre eigene Tradition zu begründen.

Aber auch außerhalb unseres Dorfes blieb nicht alles aufgewühlte Brache, grau und Beton. Freilich wateten unsere Neusiedler am Anfang und an Regentagen durch Dreck- und Schmutzlachen, bei trockenem Wetter konnte man vor Staub die Fenster nicht öffnen, die Möbelpacker schnaubten wild, weil die Zufahrtsstraßen noch nicht fertig oder von Baufahrzeugen verstopft waren, aber alsbald ergab sich ein schöneres Bild. Überall legten unsere Marzahner Gärten an, begrünten die Freiflächen, hegten und pflegten die Bepflanzung. Die allerorten reichlich vorhandenen Pumpstationen lieferten das notwendige Wasser nicht nur für die Menschen, sondern auch für die Pflanzen. Die Bewohner befestigten die Fußwege, bebilderten die Hauseingänge und Fassaden, stellten überall Skulpturen auf. Sie eigneten sich umsichtig und fleißig ihre neue Heimat an. Unsere Neuen waren jung, sehr jung. Ihr Durchschnittsalter betrug damals 26 Jahre. Kinder, sehr viele Kinder waren dabei. Unsere Marzahner Bauern schauten neidlos zu. So hatten sie sich das gedacht. Allzeit hatten sie sich gewünscht, dass es den Nachfolgenden einmal besser gehen solle. Nun ging es ihnen besser. Ein quirliges Leben, ein gutes Leben. Der Sozialismus hatte sein Versprechen von allseitigem Wohlstand eingelöst.

Die Konterrevolution

Im Sommer 1989 hatte sich in den politischen Parteien und in der Regierung unserer Deutschen Demokratischen Republik, auf den maßgeblichen Positionen bereits ein Machtwechsel vollzogen. Die neue Generation war angetreten, die alte abgelöst beziehungsweise mundtot gemacht. Unsere guten Alten waren nur noch dazu da, um Unterschriften zu leisten und in der Presse oder bei großen Anlässen ein ansehnliches Bild abzugeben. Im Hintergrund hatten sich Revisionisten im Gewand von allwissenden Autoritäten – Egoisten und Karrieristen – ausgebreitet und das Volk vergessen gemacht, wessen der todkranke Kapitalismus fähig ist. Eine scheinheilige Kunst und Literatur sickerte langsam ein, wurde verbreitet. Das Gedankengut der kämpferisch gesinnten, traditionellen Arbeiterbewegung war zwar noch da, aber es wurde weniger beachtet und diskutiert. Die Heimtücke und die Hinterhältigkeit, mit der die Kapitalisten ihre Mittelsmänner bei uns einschleusten, Verträge abschlossen, unsere Bürger anlockten und abwarben, kannte keinen historischen Vergleich. Und wir fielen auf das Gerede vom endgültig veränderten Kräfteverhältnis und dem sich wandelnden Kapitalismus mit menschlichem Antlitz herein. Dabei hätten wir es wissen müssen und wissen können. Natürlich waren wir stark und unüberwindlich, wir hatten auch den Frieden in Europa gesichert und unsere Grenzen im Griff, aber der Kulturaustausch, der im Mai 1986 als Kulturabkommen zwischen der Bundesrepublik und unserer

Republik beschlossen wurde, höhlte uns von innen aus. Dieses Kulturabkommen hatte 15 Jahre Vorlauf. Immer wieder waren die Verhandlungen gescheitert, weil unsere Leute wussten, dass keine Macht der Welt stärker als die ideologische Keule ist. Das wussten unsere Väter, aber allmählich waren sie ausgeschaltet, übertönt und weich geklopft. Kulturabkommen in Form von gegenseitigen Besuchen durch Theaterleute, Filmemacher, Schriftsteller und Bildhauer. Hübsche Bilder, die das Wesen des Kapitalismus übertünchten. Gutgläubig, viel zu vertrauensselig fiel die Masse darauf herein. Wie durch ein Wunder war die westliche Hemisphäre plötzlich schillernd, gewandelt, menschlich. Aber das stimmte freilich nicht. Man hat uns wie ehedem getäuscht, betrogen und belogen. Inzwischen wissen wir, wie Farbenrevolutionen gemacht werden, wie der Völker Wille unterlaufen und deren Regierungen abgesetzt und reaktionäre Systeme installiert werden. Mit Missionaren, Kulturaustausch, Nichtregierungsorganisationen, vermeintlicher Hilfe, guten Ratschlägen fängt es an und dann stürzen ganze Heerscharen von Banditen über das Land her und rauben alles aus. Nun ja, wir können nicht unbedingt sagen, dass die Methode völlig neu war. Völlig neu war sie nicht. Schon August Bebel hatte gesagt: „Wenn dich deine Feinde loben, hast du etwas falsch gemacht." Und sie scharwenzelten um uns rum und schmierten uns Honig ums Maul. Dabei warteten sie nur auf unsere Schwächen, die wir ganz natürlich auch hatten und offen zeigten. Nur die Warner wurden nicht mehr gehört, ausgelacht, entweder aufs Altenteil geschoben oder mit ablenkenden Aufgaben dermaßen überhäuft, dass sie keine klaren Bilder mehr sahen, dass sie sich den

Mund fusselig redeten beziehungsweise zur Aufklärung keine Kraft mehr fanden. Wie viele unserer wirklich guten Leute haben sich auf Posten wiedergefunden, auf denen sie politisch nichts, aber auch gar nichts mehr ausrichten konnten? Unsere ehrliche, konstruktive Diskussionskultur war gestorben und läutete den Anfang vom Ende ein.

So standen denn die Falschen auf, lenkten die Menge und plärrten was von Freiheit. „Öffnet das Tor!", schallte es allerorten. Aus der Regierungsetage echote es: „Wir öffnen das Tor!" – Und sie strömten hinan wie die Lämmer zur Schlachtbank!

Mit Plunder und Tand kehrten die ersten am Morgen nach der Nacht des 9. November 1989 von ihrem Ausflug in den Westen heim und prahlten und spielten sich als Freiheitshelden auf. Nach dieser durchzechten Nacht schwärmten sie: „Oho" und „Aaah" und „Wie schön". Was hatten sie denn schon gesehen? Was hatten sie denn Gutes mitgebracht? Die Besonnenen fragten entrüstet: „Was wollt ihr denn?" Da kam nichts als laue Luft. „Dann schert euch an die Arbeit!", verlangten die Nüchternen, „oder geht nach Hause und schlaft euch erst mal aus." Aber einmal aufgepeitscht und angestachelt, gebärdeten sich die Mauerstürmer wie nicht gescheit. Schon war eine irre Debatte im Gange. Tumult und Gerangel, Parteinahme und wüste Vorhaltungen griffen um sich. Die berauschte Menge war inzwischen verstärkt durch die Hetzer, Aufwiegler und Brandstifter, die über die offene Grenze zu uns hereinkamen, unser sauberes Pflaster mit ihrem Kot besudelten und unsere Häuser anzündeten. Jede Nacht ging ein anderes Heim in Flammen auf, jeden Morgen waren Fensterscheiben eingeschlagen, Telefonzellen zerstört, Mülltonnen herausgezerrt und auf den Gehwegen entleert. Es sah gräulich aus. Die Freiheitsglocke hatte geschlagen, aber sie schlug falsch. Ihr Klang war Grabgesang. Unermüdlich fleißige Mitbürger löschten die Brände und räumten notdürftig auf. Die Besonnen, die Helfer in der Not, die Opferbereiten, eben diejenigen, die versuchten zu retten, was zu retten sei, wurden beschimpft, niedergebrüllt, an die Wand gedrängt, des Platzes verwiesen und ihrer Stimme beraubt. Was da vom Herbst 1989 angefangen und in der Folge an Gewalt und Verbrechen aufkam, hat in der Geschichtsschreibung bislang noch nicht seinen richtigen Platz gefunden. Es gab Verletzte, Tote, Traumatisierte. Wie die aufrechten Verteidiger der Heimat aus dem Hinterhalt überfallen, gewürgt, getreten wurden, ist von keiner Behörde jemals untersucht oder geahndet worden, steht nirgends aufgelistet und ist nicht wahrheitsgetreu niedergelegt. Würgen, Treten, Misshandeln in der Tat, nicht nur im übertragenen Wortsinn oder verbal. Selbst die Kinder der stadtbekannten, ehrlichen Kommunisten schonten die Stürmer nicht. In Marzahn gab es besonders viele Menschen, die den Verrat nicht dulden und die Vernichtung unserer kleinen Republik nicht zulassen wollten, die sich zusammenrauften und vehement dagegen stemmten, aber sie kamen gegen den aufgeputschten Mob nicht mehr an.

Die westliche Presse feuerte aus allen Rohren gegen Marzahn: „Dreckstall", „Arbeiterschließfach", „Saubande", „Verbrecherhöhle", „Scheiß-Kommunisten-Säue", „Idioten", „Schweine", „Mörder", „Schwindler", „Betrüger", „Zuhälter", „Vergewaltiger" breitete sich wie ein Lauffeuer aus. Mit haarsträubenden Berichten, Lügen und Unterstellungen wurden die besten Arbeiter und Bauern öffentlich vorgeführt, beschmutzt, bespuckt und beleidigt, ihrer Lebensläufe und ihres Lebensinhaltes beraubt und moralisch in den Abort getreten. Später gestanden Journalisten, wie sie unter Androhung von Berufsverbot und Verfolgung zu den widrigsten Darstellungen gezwungen wurden, wie ihnen ein bis dahin kaum für möglich gehaltenes Vokabular aufgedrängt wurde, um die „Platte", seine Bewohner und in erster Linie die guten, aufrechten Menschen fertigzumachen. Das Geständnis kam zu spät. Der Friedhof von Marzahn war bereits wieder in den Mittelpunkt gerückt. Er nahm all diejenigen auf, die zum Weiterleben keine Kraft mehr hatten. Zumeist anonym, ohne Geleit oder Nachruf wurden die Toten eingegraben.

Gebückt, gebeugt, zutiefst erschüttert hockten unsere Marzahner in ihren Stuben und versuchten zu begreifen, was nicht zu begreifen war. Sie trauten sich kaum mehr vors Haus. Was dringend zu erledigen war, erledigten sie, alles andere blieb liegen. Unsere Kinder streunten auf der Straße herum, schwänzten die Schule, wo eh nichts mehr gelehrt wurde und selbst den Lehrern alles egal war. Die Jungen und Mädchen schlossen sich in Banden zusammen, randalierten, klauten wie die Raben, logen was das Zeug hielt und verkamen zusehens. Manchmal wurden welche verhaftet, verwarnt, wieder freigelassen. Ihre Eltern zahlten die Strafe und eine horrende Bearbeitungsgebühr, die sie über Jahrzehnte nicht abtragen konnten, und legten die Hände wieder in den Schoß. Mit dem, was da über sie hereingebrochen war, wurden sie einfach fertig.

Die Regierung der Deutschen Demokratischen Republik war sprachlos zurückgetreten und hatte dem „Runden Tisch", einer Horde inkompetenter Wichtigtuer und herrschsüchtiger Hohlköpfe Platz gemacht. Die vermeintlich ersten freien Wahlen waren für März 1990 angesetzt. Bis dahin tobte der Terror mit nächtlicher Randale und täglicher Ausgrenzung, mit peinlichen Beschimpfungen, mit tätlichen Übergriffen auf friedliebende, fortschrittlich gesinnte, engagierte Bürger und mit Morddrohungen. Dann wurde gewählt. Am Wahltag war Ruhe. Alle Parteien, die sich nach dem Herbst 1989 neu konstituiert hatten, waren vom Westen finanziell und publizistisch massiv aufgewertet worden, außer der Partei des Demokratischen Sozialismus. Diese Partei hatte sich als Nachfolger der Sozialistischen Einheitspartei aufgestellt und schien für viele ehrliche Kommunisten eine ideologische Heimstatt zu sein. Ohne nennenswerte Propaganda und mit dem ganzen, vom Westen ausgegossenen Schmutz am Hacken erhielten die Demokratischen Sozialisten in Marzahn mehr als dreißig Prozent aller Stimmen. Und die Wahlbeteiligung war damals hoch! Fast alle gingen zur Wahl. Von solch einem Interesse träumt die „bürgerliche Demokratie" heutzutage. Im März 1990 waren die Demokratischen Sozialisten stärkste Fraktion, von der großen Menge gewünscht. Aber sie hatten nichts mehr zusagen. Denn nach bürgerlichem Koalitionsrecht, das die Öffentlichkeit des noch existierenden sozialistischen Staates widersinnigerweise durchgehen ließ, schlossen sich die Reaktionäre zusammen und steuerten das Boot auf die Klippen.

In Windeseile schusterten die Regierungen einen Einigungsvertrag zusammen, der mit Sicherheit schon lange im Schubfach der Reaktionäre lag. Denn jede Übergangsregelung, jede Formulierung war dermaßen spitzfindig bis ins Kleinste ausgetüftelt, dass eine gewissenhafte, sehr intensive Vorarbeit notwendig gewesen sein muss. Jeder einzelne Bürger der Deutschen Demokratischen Republik wurde mit diesem Machwerk ans Kreuz geschlagen. Egal, was er künftig anfasste, tat oder unterließ, er war im Unrecht, wieder im Unrecht und nochmals im Unrecht. Es galt nur noch das Recht der Bourgeoisie, die sich an allen schadlos hielt und schamlos aus allem bediente und nicht zuletzt gnadenlose Rache übte. Denn der Arbeiter-und-Bauern-Staat sollte ausgelöscht sein! Und nie wieder sollte einer seine Hand gegen das Kapital erheben! Am 1. Juli 1990 erfolgte dann die Währungsunion und enteignete das Volk. Die Einführung der westlichen Währung war der Kern, der ökonomische Knackpunkt der Konterrevolution. Zwar waren die privaten Guthaben der Bürger erhalten geblieben, aber der staatliche Reservefond, sprich die Staatsbank der Deutschen Demokratischen Republik war über Nacht für null und nichtig erklärt. Die Vernichtung beziehungsweise die Annullierung dieses Reservefonds war das entscheidende Mittel, um das Volk auf die Knie zu zwingen. – Die Staatsbank ist das Herz der sozialistischen Warenproduktion. Sie akkumuliert sämtliche Mittel, sprich das in seiner Geldform erscheinende Mehrprodukt und verteilt dann dieses Geld auf die einzelnen Produktionszweige beziehungsweise auf die entsprechenden Bereiche der Konsumtion gemäß den gesellschaftlichen Bedürfnissen und Erfordernissen. Mit der Währungsunion beziehungsweise mit der Ausschaltung der Staatsbank der Deutschen Demokratischen Republik hörte dieses Herz auf zu schlagen. – Von dieser Stunde an werkelten und wuselten die Arbeiter in den

Betrieben auf eigene Kosten, was ihnen freilich nicht gelingen konnte. Der kapitalistische Markt tat das Seinige dazu. Energie und Material waren unbezahlbar geworden, zugleich nahm der Markt keinerlei Ostprodukte mehr auf. Die ruinierten Produktionsbetriebe der Industrie und der Landwirtschaft kamen unter den Hammer, wurden abgebaut, eingestampft. Unsere Arbeiter und Bauern gingen heim, öffneten eine Flasche Schnaps, dröhnten sich die Birne voll und weinten zum Gotterbarmen. Am 3. Oktober 1990 wurde die Kolonie „Neue Bundesländer" in die Bundesrepublik eingemeindet. Es gab Feierlichkeiten, Ehrenappelle, die internationale Presse würdigte den Akt mit Lobeshymnen auf die „Friedliche Revolution" und so weiter und immer so weiter und so fort, bis heute.

Unsere Marzahner waren jung, sehr jung. Ihr Durchschnittsalter betrug damals 26 Jahre. Etliche stellten die Schnapsflasche weg, ernüchterten, schüttelte sich, rissen sich zusammen, fingen ihre Kinder von der Straße, verkauften, was sich irgendwie versilbern ließ, packten ihre Koffer und flohen aus der verruchten, verrufenen „Platte". In jenen Tagen verließen rund 80 Tausend Menschen Marzahn und zerstreuten sich in alle Winde. Schon trafen die Roll- und Räumkommandos ein. Die verlassenen Häuser wurden „entrümpelt". Wer noch wohnte, wurde in die Flucht geschlagen, je nach persönlichem Vermögen woanders einquartiert oder auf die Straße gesetzt. Dann zertrümmerten die angeblichen Erneuerer unsere Häuser halb oder ganz, räumten die Flächen ab oder ließen sie als Stein- und Sandwüste liegen. Am Ende hatten die Immobilienhaie 10'000 Wohnungen zerstören lassen, auf dass der Mietpreis durch künstlich erzeugten Mangel beharrlich ansteige. In den noch vollständig bewohnten Häusern zerrten sie die Sanitäreinrichtungen und Stromleitungen heraus und pfuschten vorgeblich Besseres nach vermeintlich höherem Standard zusammen. Diese Aktion nannte sich Modernisierung, war jedoch nur dazu angelegt, sämtlichen Überschuss, der im Westen schon lange auf Halde lag, bei uns unterzubringen. Das bittere Wort von der „Sondermülldeponie Marzahn" machte die Runde, denn, was eingebaut wurde, war überholt und Plunder und hielt nicht mal bis zum Ablauf der Garantiefrist. Außerdem fing die Abrissbaustelle Marzahn viele im Westen überschüssig gewordene Arbeitskräfte auf. – Kein Marzahner erhielt hier Arbeit. Unsere Marzahner waren gebrandmarkt bis in alle Ewigkeit. Die wurden nirgends mehr genommen oder kaum mal irgendwo zu einem Hungerlohn angestellt. – Wie die Vandalen wüteten diese angeblichen Erneuerer in unseren Häusern. Gleichmütig, gleichgültig, hartherzig und brutal, jegliche Verständigung abwürgend, fielen sie über unser Eigentum her, genossen sie ihre Befugnisse und gebärdeten sich wie die Barbaren mit schier unglaublichen Manieren. Hernach zahlten unsere verbliebenen Hunderttausend für die vermeintliche Modernisierung Mieten, die sie nur noch unter größten Opfern aufbringen konnten. Während dieser angeblichen Erneuerung wurden die Grünanlagen, Spielplätze, Sportplätze zertrampelt, zerwühlt und mit Bauschutt überhäuft, mit Baumaterialien und Containern zugestellt. Über Wochen und Monate sägten sanitäre Interimslösungen, Dreck und Lärm, Strom- und Heizungsausfall an den ohnehin blank liegenden Nerven unserer Marzahner. Indessen wurden

sämtliche Dienstleistungs- und Freizeiteinrichtungen geschlossen, ebenfalls eingestampft oder als Nachtclubs,
Spielcasinos und Bordelle umgewidmet. Darin tummelten sich fortan die Säufer, die Zuhälter, die Glücksritter,
die Banditen und unsere Marzahner Jugend. Nunmehr
zeigte sich unser Marzahn, wie es die Besatzer weltweit
vorgestellt hatten: ein elendes Dreckloch, ein widerwärti-
ges Viertel. Die Slums von Berlin!

Zugleich brach der Krieg aus. Das entfesselte Kapital
lebte seinen Expansionsdrang ungehemmt aus. In Ku-
weit brannten die Ölquellen, es folgten der Irak-Krieg
Nummer eins und zwei, in Syrien, Libyen, Afghanistan,
Pakistan zündelten die Kriegstreiber. Das erste Opfer in
Europa war Jugoslawien. Aus aller Herren Länder machten sich die Flüchtlinge auf den Weg. Wirtschaftsflücht-
linge, Kriegsflüchtlinge, politisch Verfolgte, religiöse Fa-
natiker und auch Kriminelle – die Geschichte wiederholte
sich auf grausame Art und Weise. In Marzahn trafen die
Heimatlosen ein. Sie waren vom Flüchtlingshilfswerk an
die verdreckte Peripherie verschickt worden und wurden
zwangsweise in die leergefegten Wohnungen eingewiesen.
Die Flüchtlinge blieben ohne Arbeit, schacherten bisschen
was illegal, gesellten sich zu den Raufbolden, zu den Mut-
losen, zu den Tagedieben und zu den Säufern. Sie fügten
sich ins Bild. Sie strauchelten, wankten und schwankten
wie unsere Marzahner selbst. Hoffnungslos!

Ende und Ausblick

Damit wären wir am Ende unserer „Kleinen Geschichte von Marzahn". – Noch nicht ganz. Denn uns fehlt noch eine Zusammenfassung und der Ausblick.

Eingangs nahmen wir uns vor, das Werk derjenigen zu zeigen, die das Beste stets im Sinn hatten, in aller Regel Hervorragendes leisteten, manchmal strauchelten und ansonsten exemplarisch für den uralten Traum von Frieden, Freiheit, Gleichheit und Brüderlichkeit stehen. Sie, liebe Leser, sollten bereichert, gut unterhalten und im wahrsten Wortsinn reich beschenkt dieses Büchlein am Ende zuschlagen. Ein großer Teil dessen ist erfüllt. Wir sahen viel und haben die Zusammenhänge erkannt. Wir haben uns auch angenehm unterhalten. Und nicht zuletzt haben wir Marzahn oder besser gesagt, die Menschen ins Herz geschlossen. So müssen wir uns bange fragen: Was wird denn nun aus Marzahn?

Im Marzahn der neunziger Jahre des 20. Jahrhunderts wiederholte sich die Geschichte ziemlich böse: Die Bourgeoisie machte in aller Herren Länder den Menschen das Leben zur Qual, öffnete hier die Tore, gab sich großmütig und freigiebig und die Flüchtlinge kamen. Und als sie kamen, wurden sie hässlich getäuscht. Das tat weh. Das war wirklich schlimm. Das wirkte wie ein Faustschlag in die Magengrube und gab so manchem den Rest. Noch dazu, wo die Flüchtlinge daheim sämtliche Zelte abgebrochen, alles Gut veräußert, auf dem Fluchtweg alles Geld und sämtliche Reserven aufgebraucht hatten und sich nunmehr all ihr Hoffen und Sehnen auf die neue Heimat in Deutschland richtete. Etliche hatten sogar ihre Angehörigen, die sie eigentlich mitbringen wollten, auf dem weiten Weg verloren. Demnach standen sie sowohl mit leeren Händen als auch mit einer geschundenen Seele da. Und nun mussten sie sich auch demütigen und nach Marzahn abschieben lassen! Marzahn glich zu dieser Zeit dem Vorhof zur Hölle. Dafür hatten die Abrisskommandos und die bürgerlichen Medien gesorgt. Kein guter Faden ward an der einstigen sozialistischen Großsiedlung gelassen worden und offene Müllplätze, Dreckecken, Kot auf den Straßen, entvölkerte, kaputte Häuser mit toten Fensterhöhlen gab es zuhauf. Es wurden sogar verstümmelte Leichen abgelichtet, die Aufnahmen gedruckt und verbreitet und so interpretiert und platziert, als würden sich unsere Marzahner gegenseitig umbringen. Diese Bilder sahen nicht nur wir, die gingen um die Welt. Das lasen, hörten und sahen die Menschen in ihren Stuben, auf ihren Arbeitsstellen und auf den Ämtern, überall, wohin man auch kam oder wo immer man auch wohnte. Wenn sich die Menschen dann auf den Weg nach Deutschland machten, wenn sie den Entschluss fasten und dann losgingen, spukten im Hinterkopf immer diese hässlichen Bilder und Verheißungen mit. Deutschland, das gelobte, reiche Land im Herzen Europas, das wollten fast alle, aber Marzahn, das mieden sie wie der Teufel das Weihwasser. Kam nun so ein Flüchtling nach Deutschland und erhielt die unerbittliche Zuweisung nach Marzahn, hieß es für ihn nur noch: „Friss oder verrecke!" Ein Brocken, den der Mensch nur noch mit Mühe schluckte, wenn er ihn schluckte und sich nicht gleich übergab. Manche der Flüchtlinge duckten sich dann ab, lebten lieber illegal in Hamburg oder im Zentrum Berlins, bei irgendwelchem Verwandten oder Bekannten, zusammengedrängt auf engsten Raum oder sogar auf der Straße, als sich diese Hölle anzutun.

Allerdings hatte die hässliche Westpresse mit ihren Verleumdungen und Verwünschungen, mit ihren Lügen und Falschdarstellungen auch die Besatzer verprellt. Man sollte es nicht glauben, aber sie wurden tatsächlich ihres eigenen Wahnsinns fette Beute, zu geschlagenen Bütteln der Mächtigen. Denn wer in Marzahn auch nur einen Finger rührte, hatte die schlechtesten Erfolgsaussichten. Seine Initiative oder Engagement hatte von vornherein den übelsten Leumund und eine ganz miese Werbung. Außerdem hatten sich die angeblichen Erneuerer von Marzahn bei ihrem „Umbau Ost" restlos verspekuliert. So eine „Platte" pustet man nicht einfach so weg. Wir hatten solide gebaut. Der Abriss brauchte fleißige Handwerker, kundige Fachleute, sehr viel Energie und genauso viel Transportkapazität. Wer sollte das bezahlen? Der westdeutsche Durchschnittsbürger als Steuerzahler blechte bis zum Umfallen. Dennoch waren die Taschen der Rädelsführer bald leer. Flugs war auch eine Zusatzsteuer ins Leben gerufen, als Solidaritätszuschlag verbrämt und aus den armen Menschen herausgepresst, aber das langte den Besatzern auch nicht, konnte nicht ausreichen. Ergo zogen sie wieder ab. Dergestalt hielt sich der Raubbau in Marzahn in Grenzen. Wir wollen ihn nicht schönreden, das liegt uns fern, aber Fakt ist, dass die größten Maulhelden und die übelsten Scharfmacher sich bald wieder verdrückten, weil ihnen das Geld ausging und weil sie sich in Marzahn absolut nicht wohlfühlten. Unsere verbliebenen Einhunderttausend erinnerten sich dann ihres Gemeinschaftsgefühls, ihrer Liebe zur Heimat, ihrer Bodenständigkeit und ihrer Souveränität und bauten ihr Leben langsam wieder auf. Zwar harrten viele noch lange ängstlich wie das Kaninchen vor der Schlange aus, es brauchte seine Zeit, bis sie den Schock überwunden hatten, aber dann hoben sie wieder den Kopf und machten das Beste aus ihrer Situation.

Nun kamen also die Ausländer nach Marzahn herein und bezogen die leerstehenden Wohnungen. Wobei diejenigen, die da kamen, nicht von jener Verbrechernatur waren, die es ja leider fast überall noch gibt. Die notorisch Kriminellen, die vorsätzlich ganz gemeinen Typen, die schon daheim nichts zuwege gebracht und die die Arbeit keinesfalls erfunden hatten, die keine Freude am Gemeinwohl aufbringen konnten und die sich in Deutschland mit Betrügereien dicke tun wollten, die setzten keinen Fuß hier rein. Die fanden den Bezirk unter ihrer Ganovenehre, die taten sich die verschriene Pampa nicht an. Wozu auch? Wo es doch hier eh nichts mehr zu holen gab, wie man allerorten hörte und sah. Unsere Ankömmlinge waren die Gruppe der Gemäßigten, der Braven, das waren die mit dem stärksten Integrations- und Aufbauwillen. Langsam tastend schauten sich unsere Ausländer in Marzahn um, und was sie sahen, war gar nicht so hässlich und öde und stellte sie mitnichten vor gänzlich unlösbare Probleme.

Zunächst gesellten sie sich innerhalb ihrer Sprachgruppe zueinander und kümmerten sie sich erstmal um ihre Behördengänge. Deutschland war ja inzwischen buchstäblich das Mekka der Bürokratie geworden. Ohne Antrag zum Antrag läuft hier nichts mehr. Nachdem sie die Strukturen erkannt hatten, nutzten sie diese freilich geschickt aus. In den verblassten Gemäuern mieteten sie hier einen Raum und da eine Nische, sie renovierten ein wenig und schmückten den Raum hübsch aus. Sie pachteten etwas Land und sie legten Gärten an. Mühselig und rührig trugen sie das Material zusammen und pfennigweise sparten sie sich den Mietzins vom Munde ab. Sie gründeten ihren Gesangsverein, ihren Turnverein, ihre Wandergruppe, ihren Gartenverein und vieles mehr. Das war schon ein großes Kunststück, eine enorme Leistung und kann nicht genug gewürdigt werden. Denn mit seinem Vereinsrecht bindet der kapitalistische Staat seinen Bürgern eine riesige Last auf den Buckel.

Will so ein Verein bestehen, schließlich braucht er ein Minimum an materieller Ausstattung, muss er den staatlichen Stellen seine Statuten und seine Buchführung vorlegen. Diese müssen ideologisch in die Verfassung der Bourgeoisie passen und haben gefälligst bis aufs I-Tüpfelchen, bis auf Heller und Pfennig zu stimmen. Im Zweifelsfalle oder bei Zuwiderhandlung ist der Verein flugs seiner Einalgen beraubt und sein Vorstand wandert in den Knast. Da kennt der bürgerliche Staat kein Pardon. Da lässt er seinen Untertanen nichts durchgehen. Wer die Buchführung vernachlässigt und seine Statuten nicht anpasst, kann sein Vereinsleben vergessen. Ohne Statuten und Offenlegung sämtlicher Mittel geht es aber auch nicht. Da achtet der Staat auf Ordnung! Da könnte ja sonst wer kommen und sich organisieren. Es gibt solche illegalen Strukturen und Zusammenballungen in der Bundesrepublik, aber die geraten, wenn es sich um einfache Leute aus dem Volk handelt, ganz schnell in den Fokus des Bundesnachrichtendienstes und werden kriminalisiert und zerstreut.

Nun gründeten unsere Ausländer in Marzahn ihre Vereine, bestanden vor den scharfen Kontrollen, nahmen die bürokratischen Hürden und etablierten sich. Damit fanden sie zu sich, festigten ihren Zusammenhalt, hielten ihre Kinder von der Straße fern und setzten sich neue Lebensziele. Soweit hatten sie sich dann eingerichtet, als sie sich weiter umschauten. Da entdeckten sie ein paar andere, auch Deutsche, die unermüdlich ackerten, als wäre nichts geschehen. Für die Zugezogenen verwunderlich, dennoch sympathisch. Wenn sich einer ohne viel Geld in der Tasche dermaßen engagiert, wenn er so fleißig und strebsam ist, nicht nur an sich, sondern auch an seine Nachbarn und sein Umfeld denkt, könnten man sich ihm zugesellen, dachten sie und packten mit an und sie räumten gemeinschaftlich die verwüsteten Ecken ihrer Stadt auf. Nach ihren freiwilligen, unbezahlten Aufräumarbeiten verbrachten Deutsche und Ausländer aller Couleur auch ihre Freizeit miteinander. Allmählich überwanden sie sämtliche Hemmungen beziehungsweise Barrieren, die eigentlich gar keine waren. Denn der normale Mensch auf der ganzen Welt verständigt sich immer leicht. Sie haben alle die gleichen Erfahrungen, Ziele, Träume und Hoffnungen und die gleiche Art damit umzugehen. Fortan achteten sie darauf, dass einer seinen Müll nicht auf die Straße wirft, sauber gekleidet draußen rumläuft, nicht über Gebühr säuft, keine alten Leute anrempelt und junge Frauen höflich behandelt. Dann bezogen sie wieder welche mit ein. So kriegten sie die Streuner von der Straße, klopften den derweil kriminell gewordenen Mitbürgern auf die Finger, fanden sinnvolle Beschäftigung.

Zögerlich traten ein paar Investoren in Marzahn auf, schlüpften in die eingerissenen Lücken und ließen ein

paar Wohnhäuser mit Büro- und Geschäftsräumen erbauen. Freilich bauten sie mit billigsten Mitteln, dicht zu-
sammenstehend, verwinkelt, sich gegenseitig behindernd
und nach kapitalistischer Manier auf dem derweil maßlos
überteuerten Baugrund, aber immerhin. Sie bauten scheu
und verhalten, ganz vorsichtig, und als seien sie immer auf
der Flucht. Denn die einstige Arbeiterrevolution in der
Deutschen Demokratischen Republik hatte den Unternehmern einen gehörigen Schrecken eingejagt und bei
aller Kraftmeierei, die sie permanent an den Tag legten,
waren sie doch ängstlich geworden und trauten gerade
unseren Marzahnern inzwischen so ziemlich alles zu. So
riefen sie denn auch halbwegs erträgliche Preise auf für die
Wohnungen und Gewerbeflächen, die sie da hingestellt
hatten. Das konnte unseren Marzahnern nur recht sein.
Mittlerweile waren Jahre vergangen, ihre Kinder waren
groß geworden, strebten ihr selbstständiges Leben an, da
konnten sie gleich in der Nähe mieten und sich einrich-
ten. So verfestigte sich in der Marzahner Großsiedlung
eine zweite und eine dritte Generation. Und diese zweite
und dritte Generation bot dann auch wieder etwas mehr
Lebensqualität an. Es gab wieder Schneider, Frisöre, Kos-
metikerinnen, Fußpflegerinnen, kleine Gaststätten, Repa-
ratur- und Schlüsseldienste, bereitwillige und umsichtige
Haushaltshelfer jeglicher Art bei uns – emsig schaffende,
entgegenkommende Menschen, die den Mangel, der von
der Konterrevolution erzeugt worden war, mutig, selbstlos
und für ein geringes Entgelt ausglichen.

Ab und an, an Feiertagen oder wenn einer seinen Gästen was Besonderes zeigen wollte, schlenderte er mit den

Seinen durch Alt-Marzahn. Dort betrachteten sie die rustikalen Häuser, die hübschen Anlagen und betraten auch das kleine Heimatmuseum, das inzwischen in dem alten, von den Hugenotten zurückgelassenen Schulhaus eingerichtet worden war. Sie wurden von den Museumsmitarbeitern freundlich empfangen und herumgeführt. Im Museum lernten die Besucher dann viel von Fürsten und Königen, von Schlachten und Eroberungen, von der ersten Besiedlung bis zur Gegenwart. Nach ein, zwei Stunden beendeten sie den Rundgang, verabschiedeten sich höflich, traten ins Freie, atmeten tief durch und resümierten: Der Bauer war als stumpfsinnig schuftendes Lasttier vorgeführt worden, die Fürstenhäupter waren von Glorienschein umgeben worden und die Erbauer der sozialistischen Großsiedlung waren als nicht ganz zurechnungsfähig gezeigt worden. Solche Betrachtung macht müde oder wütend. Wer Marzahn von früher her noch kannte, musste sich überfahren fühlen. Wer Marzahn erst in der Gegenwart kennengelernt hatte, fand die Geschichte fade. – Der Kulturraum der „Neuen Bundesländer" ist mit der Konterrevolution radikal geschliffen und seiner Kunstschätze beraubt worden, wie die gesamte intellektuelle Oberschicht aus Künstlern, Pädagogen, Ärzten, Juristen, Forschern und Planern, die geistige Elite der Deutschen Demokratischen Republik auf die Straße gesetzt, verdammt und verfemt wurde. An ihre Stelle trat die dritte Garnitur des westlichen Establishments, die nicht zuletzt auch in unserem Marzahner Museum sowohl mit der Bissigkeit von Treppenterriern als auch mit der Häme arrivierter Gauner das bürgerliche Weltbild vermittelt. – Kein Wunder, dass unsere Marzahner fortan ihr Heimatmuseum mieden und sich bestenfalls mal ein Ortsfremder hierher verirrte. Viele Besucher gab es fürderhin nicht mehr, obgleich das Museum beharrlich von der Landesregierung hochgehalten wird. Was aber auch nicht unbedingt als kulturelle Großtat in die Historiographie aufgenommen werden muss, weil durch den organisatorischen Zusammenschluss der Siedlungsgebiete Marzahn und Hellersdorf zu einem Verwaltungskoloss erhebliche Mittel ohnehin eingespart werden und bürgernahe Betreuung ein Stichwort ohne Praxisbezug geworden ist. Unsere Marzahner machten ihr bisschen Kunst dann lieber wieder selbst. Sie übten sich im kleinen Kreis im Musizieren, im Malen und im Dichten und schrieben ihre Geschichte selber auf. Und Zeit hatten sie inzwischen mehr als genug, denn arbeitslos waren sie fast alle.

Arbeit – das Zauberwort von der auskömmlichen, regulären, sinnstiftenden Erwerbstätigkeit als Recht und Pflicht zugleich wurde auch in Marzahn ein Fremdwort. Unsere Gemeinde leidet wie jede Gemeinde in der Bundesrepublik Deutschland derweil unter der anhaltenden Krise des Kapitalismus. Aber Marzahn ist mit seiner gepflegten Wohnkultur, mit seiner aufmerksamen Zwischenmenschlichkeit, mit seinem multikulturellen Erscheinungsbild und mit seinen friedfertigen Umgangsformen mittlerweile einer der schönsten Bezirke Berlins geworden. Und das, obgleich von Staats wegen hier viel weniger investiert wird, als zum Beispiel in Reinickendorf oder in Grunewald, wo die Reichen und Schönen ihren Niederlassungen haben. Das Durchschnittseinkommen unserer Marzahner liegt bei Sozialhilfeniveau und oft noch darunter, aber die Kriminalitätsrate Marzahns ist weitaus geringer als in all den anderen Stadtbezirken dieser künstlich aufgeblähten Hauptstadt. Unsere Marzahner achten halt auf sich und haben wieder einen Ruf zu verlieren. Das Beste an Marzahn ist jedoch seine Jugend, unserer Marzahner Durchschnittsalter beträgt 36 Jahre, wodurch sich auch die Alten sehr wohl fühlen und was sie selbstverständlich ungemein belebt. Das Allerbeste sind unsere Kinder, derer es hier wieder sehr viele gibt. Unsere Marzahner hüten ihre Kinder, halten sie zu Fleiß, zum Lernen, zum Musizieren und zu kameradschaftlichem Verhalten an.

Hin und wieder sagt einer: „Ich bin stolz, Marzahner zu sein." Und das kann er auch. Marzahn ist mit seiner Geschichte und Gegenwart der Sehnsuchtsort der Hunderttausend geworden.